品成

阅读经典　品味成长

达·芬奇学习法

杨静 著

人民邮电出版社

北京

图书在版编目（CIP）数据

达·芬奇学习法 / 杨静著. -- 北京 : 人民邮电出版社, 2025. -- ISBN 978-7-115-66304-7

Ⅰ. G632.46

中国国家版本馆 CIP 数据核字第 202571SB61 号

◆ 著　　　杨　静
　　责任编辑　袁　璐
　　责任印制　马振武

◆ 人民邮电出版社出版发行　　北京市丰台区成寿寺路 11 号
　　邮编 100164　电子邮件 315@ptpress.com.cn
　　网址 https://www.ptpress.com.cn
　　固安县铭成印刷有限公司印刷

◆ 开本：880×1230　1/32
　　印张：7　　　　　　　　　　2025 年 3 月第 1 版
　　字数：149 千字　　　　　　　2025 年 9 月河北第 2 次印刷

定价：49.80 元

读者服务热线：(010) 81055671　印装质量热线：(010) 81055316
反盗版热线：(010) 81055315

前　言

一、有效的学习方法

我们每个人都为学习认真努力过，在每个学期之初，我们都信誓旦旦，坚称这个学期一定要好好学习；在被老师或家长训导之后，我们都下定决心，要多多努力；在考试之前，我们都做好计划，想着要仔细复习，取得好成绩。

但是，大部分时候，我们都失败了。许下的承诺最多坚持一个月，下定的决心最多让我们努力一周，做好的计划最多遵守3天，然后就没了动力，开始松懈。因此，我们总被认为是"三分钟热度""仰卧起坐式努力""脉冲式学习"。这是不够努力造成的吗？

不一定。我们的身边总有一些人甚至没我们努力，但取得的进步和成绩却远超过我们。他们记的笔记没我们细，做的题没我们多，学的时间没我们长，但取得的成绩却让我们无比羡慕。只要仔细观察就能发现，他们的学习方法似乎与我们大有不同。对，我们缺的就是这个——有效的学习方法。

二、成就非凡的达·芬奇

在阅读了《达·芬奇笔记》这本书之后，我深深为达·芬奇写下的笔记所折服。达·芬奇不仅是一位艺术家，画出了《蒙娜丽莎》《最后的晚餐》等旷世之作，还是一位科学家。作为一个生活在500多年前的人，他竟然在十几个学科领域取得大量成就，其中的很多成就领先当时的社会发展水平几百年。他是怎么做到的？

我开始大量阅读与达·芬奇相关的书籍，收集各种相关的资料。在这个过程中，我不断地为达·芬奇的非凡感到震惊。在某个关于"人类历史上最聪明的人"的排行榜上，达·芬奇排第一，而爱因斯坦仅排在第十名。连爱因斯坦都曾坦言，"如果达·芬奇将他的成果发表，那人类科学的重大进展至少可以提前半个世纪出现。"

达·芬奇来自一个普通家庭，他的父亲是一名公证员，他的母亲是一个农民家庭的孤儿。由于他是私生子，他从小和祖父一起居住，当了近12年的"留守儿童"。为了学习日后谋生的本领，他被父亲接到身边，读了几年的"算盘学校"，掌握了一些基础的数学知识。14岁时，他被送到韦罗基奥的工作室正式学习画画。6年后，达·芬奇结束了学徒状态，又过了几年，他开设了自己的画坊。

从二十多岁开始，达·芬奇开始写笔记，记录自己的学习收获和研究成果。这个习惯一直持续到他67岁——生命结束之时。正是通过这些笔记，现在的我们才得以窥见达·芬奇"爆发"的后半生。

三、达·芬奇学习法的七原则

作为一个并没有接受过多少正规学校教育的人，达·芬奇是如何坚持自学数十年，并取得这些非凡成就的？作为普通人的我们，有没有可能借鉴他的方法，成为"小小号的达·芬奇"？我们不奢求成为达·芬奇那样横跨十几个学科的全才，只想自己能学得更好一些、更轻松一些，不让家长和老师过分担心。

我阅读了大量与达·芬奇相关的资料，研究了历史学家、科学家对达·芬奇的各种分析，逐步找到了他的学习方法和成长脉络。在《像达·芬奇那样思考》的作者麦克尔·盖博的启发下，我总结出达·芬奇学习法的7个原则。

- 原则1：保持好奇心。
- 原则2：坚持实践。
- 原则3：充分感受。
- 原则4：接纳结果。
- 原则5：平衡理性和感性。
- 原则6：保持健康的体魄。
- 原则7：拥有组合的力量。

四、它能解决什么问题

虽然达·芬奇生活的年代距今已有500多年，但达·芬奇学习法却与现代的脑科学、认知心理学的原理相契合，它能够帮助我们解决在学习中遇到的多种问题，比如以下列举的这些。

- 如何应对厌学心理，如不想预习、不想听课、不想写作业、不想复习、不想考试等？
- 如何积极有效地预习、上课、写作业、复习及考试？
- 如何避免记不住、记不牢、写作没素材、上课老走神等问题？
- 如何面对学习中各种不理想的结果，如上课被老师批评、考试成绩差？
- 如何充分运用左右脑，实现全脑学习？
- 如何在学习过程中保持精力旺盛和高效率？
- 如何实现学习中的举一反三、融会贯通？

......

五、达·芬奇学习法的核心——自驱力和自驱型成长

达·芬奇学习法之所以有效，关键在于它是一个有机的整体。

一方面，这套方法以好奇心为起点和核心。好奇心是人类的本能，它镌刻在我们的基因中，能够持续驱动我们进行实践。自驱力来自我们的身体，不依赖外界。

另一方面，这套方法通过各种方式保证实践的进行，并提高实践的质量。例如，健康的体魄保证我们拥有充沛的精力进行实践，充分感受保证我们获取足够的线索，平衡理性和感性、组合的力量则帮助我们找到更有效的解决方法，实践的每个环节又会引发更多的好奇心，形成一个循环。

所以，当践行达·芬奇学习法之后，我们会形成一个学习的循

环。我们因为好奇心而学习，又因为学习产生更多的好奇心，因为好奇心而继续学习……在这个过程中，我们不断成长，却不依赖外部的驱动力。这就是自驱型成长。

六、致谢

本书耗费一年多的时间才完成。在写作过程中，我得到了很多人的帮助，如出版社策划编辑、"领读者说"的各位伙伴以及家人。如果你是想给孩子做成长规划的父母、教育人士，或者是热爱学习成长规划的朋友，希望本书能够帮助你，也希望你能留下宝贵的意见和建议。

目　录

第三章　原则2：坚持实践

第四章　原则3：充分感受

第五章　原则4：接纳结果

第一章

谁是达·芬奇

　　很多人都听说过达·芬奇，因为他画出了旷世奇作《蒙娜丽莎》。在这幅画作中，人们发现了很多隐藏的密码字符，至今无人能够破解。这个世界级的未解之谜也被称为"达·芬奇密码"。实际上，达·芬奇本人身上的秘密远超过其画作本身。

第一节　世界上最聪明的人

谁是世界上最聪明的人呢？为了找出这个人，大家想了各种办法。有人研究如何测试智商，提出各种测试方法；有人举办各种比赛，如脑力世界杯、超级大脑；有人却另辟蹊径，打起研究名人大脑的主意。

一、丢失的爱因斯坦大脑

1955年4月18日，爱因斯坦病逝于美国普林斯顿大学医院。随后，爱因斯坦的家人按照他的遗嘱，没有举办大型葬礼，低调地将其安葬。结果，同年4月20日，爱因斯坦的儿子汉斯却在《纽约时报》上看到一篇名为《在爱因斯坦的大脑里寻找关键线索》的文章，文章说有人正在解剖爱因斯坦的大脑。这让汉斯大为震惊。经过调查，他发现有人盗取了他父亲的大脑。

盗取的人正是参与爱因斯坦尸检的托马斯·斯托尔茨·哈维。哈维不仅盗取了爱因斯坦的大脑，还将大脑切分成240块。哈维给自己留下一部分大脑切片，剩下的部分则交给当时知名的病理学家。作为尸检参与者，未经本人或家属同意，私自保留尸体器官是违背职业道德的。哈维为什么要这样做呢？

这就不得不从爱因斯坦这个人说起。爱因斯坦被许多人认为是有史以来最伟大和最有影响力的科学家。他提出了相对论，还对量子力学做出了重要贡献。他提出的质能等效公式$E=mc^2$，是对世界科学发展影响深远的公式之一。即使到现在，这些成果还在被不断研究。

为什么爱因斯坦能取得这么多伟大的成就呢？有人怀疑，爱因斯坦拥有一个与众不同的大脑。普通人的智商通常在80到100之间，而爱因斯坦的智商高达165。哈维刚好是这群怀疑者中的一员。他非常想知道，作为世界上最聪明的人，爱因斯坦的大脑与普通人的大脑有何不同。

那么，爱因斯坦真的是世界上最聪明的人吗？有好事者尝试对历史上最伟大的天才进行排名，结果爱因斯坦只排到第十名。

二、世界上最聪明的10个人

思维导图的发明人东尼·博赞在他的书中对"历史上最伟大的天才"进行排名。这个排行榜以原创性、多才多艺、所在领域优势、视野的广阔性、力量和能力等角度作为评价标准，榜单上囊括了各个领域的天才。

这些人包括爱因斯坦、创作世界七大奇迹之一的宙斯巨像和帕特农神庙的雅典娜巨像的古希腊雕刻家菲迪亚斯、西方历史四大军事统帅之首的亚历山大大帝、美国第三任总统杰斐逊、提出牛顿运动定律的牛顿、创作大卫雕像的米开朗琪罗、《少年维特之烦恼》的作者歌德、金字塔建筑的先驱伊姆霍特普、英国作家和诗人莎士比亚。

名列排行榜榜首的就是我们熟知的达·芬奇。为什么达·芬奇能被评为世界上最聪明的人呢？我们看看他的头衔就知道了。

三、最聪明的达·芬奇

人们似乎普遍相信，聪明的人做什么都能成。这几年，网络上流行多重职业者，即一个人身兼数职。例如，小李白天在公司上班，做财务工作。到了晚上，他拿起数码相机当摄影师。到了节假日，他还会到周边的景点当导游。所以，他的职业标签有3个，分别是会计师、摄影师、导游。对于每个职业身份，小李都做得很优秀。

对于普通人来说，小李已经算很厉害了。但他与500多年前的达·芬奇相比，那真是小巫见大巫了。达·芬奇同样是多重职业者，并且是超级多重职业者。如果我们给他列职业标签，估计能列出几十个，并且在每种职业中，他都取得了瞩目的成就。那么，达·芬奇的职业标签到底有多少个呢？

由于年代久远，记录他成就的很多笔记都已散失，我们只能列出一些现在已经被确定他拥有的职业标签（见图1-1），如画家、雕塑家、建筑师、机械工程师、解剖学家、植物学家、地质学家、物理学家、动物学家、水利学家、生理学家、音乐家等。所以，我们可以用"非凡"这个词来形容达·芬奇。

图 1-1　达·芬奇的职业标签

第二节　非凡的达·芬奇

达·芬奇不仅涉猎众多领域，还在每个领域都取得了相当惊人的成就。下面我们一起来简单了解一下达·芬奇的这些成就。

一、他是画家

达·芬奇最被人熟知的身份就是画家。他创作的《蒙娜丽莎》和《最后的晚餐》举世闻名。从很小的时候起，达·芬奇就喜欢画画。当时，他寄住在祖父家中。叔叔弗朗西斯科经常带着达·芬奇去野外散步。不论走到哪里，达·芬奇都带着一个小笔记本，将自己感兴趣的东西画下来。很快，达·芬奇就表现出惊人的绘画能力。父亲皮耶罗将达·芬奇的一些画拿给艺术家韦罗基奥。韦罗基奥很欣赏达·芬奇的绘画能力，于是将其收为学徒。

在韦罗基奥的工作室中，达·芬奇学习绘画和雕塑，很快表现出惊人的天赋。据说有一次，韦罗基奥和达·芬奇一起绘制《基督受礼》。达·芬奇绘制的人物充满了活力，令韦罗基奥自愧不如，于是他决定再也不碰画笔，专攻雕塑。因此，《基督受礼》成了韦罗基奥的最后一幅绘画作品。

结束学徒生涯的几年后，达·芬奇开设了自己的画坊，绘画技能一直不断精进，给世人留下了《蒙娜丽莎》《最后的晚餐》《岩间圣母》等旷世佳作。他极高的绘画成就对欧洲绘画的发展有着深远的影响。

二、他是发明家

我们都对自行车非常熟悉。平时，我们骑着自行车上学。到了假期，我们还会骑着自行车出去玩。统计数据显示，我国自行车的保有量已经超过2亿辆。虽然我国拥有这么多的自行车，但自行车的起源地却不是我国。第一辆自行车诞生于法国。1790年，法国人西夫拉克第一次制成木质自行车，但这辆车没有脚踏板，只能靠人用脚蹬地前进。真正有链条的自行车诞生于1874年。

实际上，早在1493年，达·芬奇就设计出自行车了。在他的笔记中，这款自行车拥有木质的车把、车轮、车座、脚蹬、链条等各种部件。有人根据达·芬奇的笔记将其制造出来，发现真的可以骑行。图1-2中展示了达·芬奇画的自行车草图。

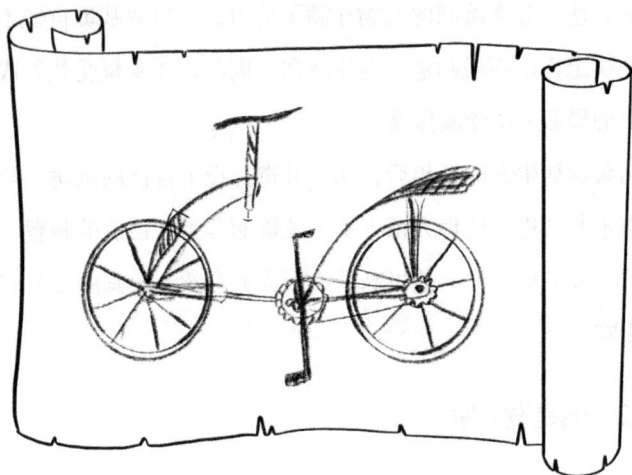

图1-2 达·芬奇画的自行车草图

除了自行车，达·芬奇还在自己的笔记中记录了很多奇思妙想。这些奇思妙想包括机器狮子、人形机器人、水下呼吸器、降落伞等。其中，达·芬奇设想的人形机器人是一个骑士，它穿着盔甲，可以坐起来、移动头部、挥舞手臂。

三、他是建筑师

2001年的秋天，在挪威的霍尔斯特有一座大桥竣工剪彩。这座大桥被称为金角湾大桥，它还有另外一个名字——达·芬奇桥，因为它最早的设计者就是达·芬奇。1502年，土耳其的苏丹巴耶济德二世要求建造一座桥，达·芬奇提交了一份在金角湾上建造一座砖石桥梁的设计方案。这座桥长240米、宽24米，是一座巨大的拱桥，可以让船只直接从桥下通过。该桥一旦造出来，不仅会成为当时世界上最长的桥梁，其单拱跨度到现在也是最大的。由于这座桥的设计远超当时人的想象，土耳其苏丹认为，这座桥根本造不出来。这导致达·芬奇的设计只能停留在纸上近500年（见图1-3）。

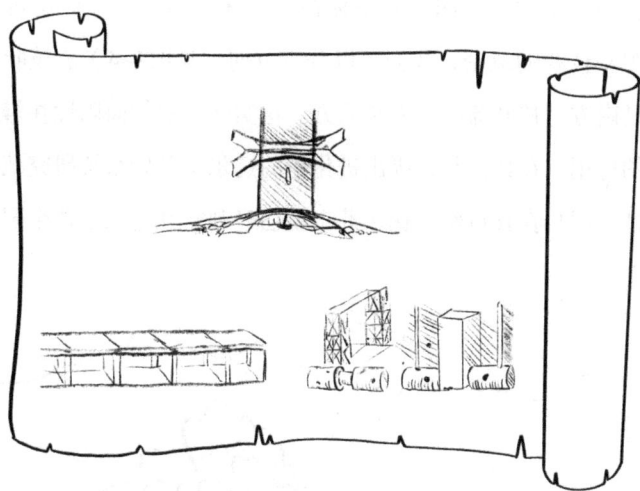

图1-3 达·芬奇画的大桥设计草图

直到近500年后，人们为了纪念达·芬奇，才重新审视这个设计方案并尝试修建，这就有了金角湾大桥。为了节省成本，金角湾大桥并没有保留原有设计——使用砖石结构，而使用了木质结构，所以达·芬奇设计方案的可行性并没有得到充分验证。

直到2019年，美国麻省理工学院的团队按照1∶500的比例重新构建了一个桥梁模型。该模型采用达·芬奇时代的砖石技术，没有使用任何紧固件或砂浆。该模型完全达到当时的设计预期，充分证明了达·芬奇设计方案的可行性。

四、他是植物学家

有一篇小学课文叫《要是你在野外迷了路》。该课文讲到，通过观察枝叶的疏密，我们可以分辨方向（见图1-4）。枝叶密的一面是南方，枝叶疏的一面是北方。这实际是植物向阳性在辨别方向上的应用。在19世纪，提出进化论的达尔文开始系统研究植物的向阳性。但早在16世纪，达·芬奇就已经观察并记录了这个现象，

图 1-4　通过观察枝叶的疏密来分辨方向

并提出：所有的枝叶都向阳光充足的地方生长，远离没有阳光的阴暗处。

我们还学过通过树的年轮辨别方向。年轮稀疏的一方为南方，而年轮密集的一方为北方。年轮不仅可以用于辨识方向，还可以展现树的年龄、记录气候的变化、辅助考古的年代鉴定。基于年轮，还诞生了一门专门的学科——树轮学。

同样，达·芬奇在年轮的研究上也做出了重要贡献。他是第一个提到树木每年都会形成年轮的人，而且他发现，年轮线条的宽度和当年是否干旱也有关系。这直接奠定了年轮在考古和气象学上的价值。

同时，他还发现贝壳、蜗牛壳、动物的犄角都有类似的现象。通过这些特定的形状，人们就能推断出相应动物的年龄。

五、他是解剖学家

达·芬奇还是一名解剖学家。他曾解剖过30多具尸体，绘制过人体的解剖图，包括人体脊椎结构、颅脑构成、神经系统、心脏结构等。通过研究这些解剖图和对应的笔记，后人发现，达·芬奇取得了很多惊人的成果。

比如，我们每个人都要经历换牙，从20颗乳牙换为28～32颗恒牙，且恒牙分为切牙、尖牙、前磨牙和磨牙等。对于我们现代人来说，这是常识。但直到1489年，这个"常识"才被达·芬奇完整地描述并记录在他的颅脑绘稿中。

在青蛙解剖实验的过程中，我们会采用刺毁青蛙脑脊髓的方式处死青蛙。最早记录这个实验的科学家也是达·芬奇。

此外，达·芬奇还提出：心脏是控制血液流动的肌肉组织，它由4个腔室构成；静脉血液循环和动脉血液循环是相互分离的。他把最微小的血管称为毛细血管，和我们今天用的名称一样。他还发现了动脉硬化疾病，而直到300多年后，才有学者开始研究这种疾病。

六、他似乎"无所不能"

达·芬奇还是一名雕塑家。他在韦罗基奥的工作室当学徒的时候，就开始学习雕塑。他曾经为米兰大公卢多维克·斯福尔扎制作了一个骑马雕塑。所有人都为该雕塑的模型泥塑惊叹。可惜，由于战争，该雕塑还没有来得及浇注就被彻底毁掉了。

达·芬奇还是一名水利学家。他曾经在笔记中规划，让阿尔诺河改道，以帮助佛罗伦萨的军队攻陷比萨。可惜后来这项规划未能实施。此外，达·芬奇还提出在佛罗伦萨和地中海之间修建一条通航水道，为了排干皮翁比诺沼泽的水，他还设计了离心泵。

达·芬奇还是一名地质学家。他仔细研究过阿尔诺山谷，记录了其地质特征。他的笔记本中记录了佛罗伦萨和米兰地区的大量地质景观。在研究过程中，他发现，山中的岩层中有各种海洋贝壳的化石。由此，达·芬奇提出水在形成沉积岩中的作用、地壳在抬高海床中的构造作用，以及在地理特征形成中出现的侵蚀作用。

达·芬奇还是一名数学家。他研究线性透视，并将他的研究成果广泛应用于自己的绘画作品。他还和卢卡·帕乔利合著了《神圣比例》，该书内容涉及数学和艺术比例。在该书中，达·芬奇开创了一种绘制多面体的新方法。

除此之外，达·芬奇还在化学、流体动力学、机械工程、光学、物理学、动物学等领域取得了各种成就。从某种程度来说，达·芬奇几乎是"无所不能"的。

第三节　出身平凡的达·芬奇

虽然达·芬奇有这么多的头衔，并且取得了无数的成就，但相对于他非凡的成就来说，他的出身却非常平凡。

一、达·芬奇的父母

1452年，达·芬奇出生在意大利佛罗伦萨以西的芬奇镇。达·芬奇名字中的"芬奇"正是来自芬奇镇。达·芬奇的父亲、祖父、曾祖父、曾曾祖父，四代人都在当地做公证员，帮助其他人起草商业合同、土地买卖协议、遗嘱等。

达·芬奇的母亲卡泰丽娜·利皮来自一个贫穷的农民家庭。卡泰丽娜在14岁的时候成了一名孤儿，她带着尚在襁褓中的弟弟回到祖母家。一年后，祖母去世，她只能带着弟弟自谋生路。后来，她遇到了达·芬奇的父亲皮耶罗，并诞下了达·芬奇。

由于卡泰丽娜和皮耶罗并没有结婚，所以达·芬奇是作为私生子来到这个世界的。一年后，卡泰丽娜嫁给了一个当地的农民。从那时起，达·芬奇回到祖父家。由于父亲经常不在家，达·芬奇主要由祖父和叔叔照顾。

直到达·芬奇12岁的时候，皮耶罗才把他带到佛罗伦萨，和自己一起居住。看着达·芬奇逐渐长大，皮耶罗作为父亲，开始发愁儿子未来的工作。当时，皮耶罗是一名公证员。

那时候的公证员主要负责见证和记录各种商业合作。出于信任的需要，公证员的信誉必须是无可指摘，行为必须完全符合社会规范。为此，佛罗伦萨的公证员行会禁止非婚生子加入。这就导致作为私生子的达·芬奇无法子承父业，成为一名公证员。

到达·芬奇14岁时，皮耶罗发现达·芬奇似乎喜欢画画，也画得很不错，就联系了他的客户韦罗基奥。韦罗基奥是一名艺术家，擅长绘画和雕塑，开设了一个工作室。韦罗基奥对达·芬奇的绘画能力非常认可，就把他招到工作室，让他从最底层的学徒干起。

二、达·芬奇没有上过"大学"

达·芬奇唯一接受过的教育是在所谓的"算盘学校"，这是一种相当于现代小学的初等教育机构。在那里，达·芬奇进步迅速，尤其是在几何方面。

由于私生子的身份，达·芬奇没能进入正规的拉丁语学校。这些学校会教授经典典籍，注重人文学科，尤其是拉丁语。当时，拉丁语是非常重要的语言。它不仅是不同国家交流的媒介语言，还是研究科学、哲学、神学的必备语言。直到三十多岁，达·芬奇还要拿着字典，才能阅读拉丁语的各种资料。

　　由于缺乏足够的学校教育，达·芬奇很不喜欢别人说他是"没受过教育的人"。但有时候，他也不得不用这个说法自嘲。

第四节　达·芬奇成功的秘诀

达·芬奇的成长经历极具矛盾性。达·芬奇的出身是平凡的，他诞生于普通家庭，没有接受过太多的正规教育。然而，达·芬奇又是非凡的。他不仅是画家，还拥有发明家、建筑师、植物学家、解剖学家等身份标签。在人类历史上，这种十几种身份集于一身的情况也是屈指可数的。这让我们不禁好奇：他是如何成就非凡的呢？很多人研究达·芬奇的成长史，试图找出达·芬奇成功的秘诀。

一、众说纷纭的成功法则

《像达·芬奇一样思考》的作者劳拉·马纳雷西将达·芬奇的成功归于4点：旺盛的求知欲、超凡的思考力、不竭的内驱力、丰富的创造力。

《达·芬奇笔记的秘密》的作者——专研文艺复兴科技艺术史的专家帕特里克·布琼和达·芬奇科技博物馆馆长克劳迪奥·乔尔

乔将达·芬奇的成功归于创作设计的独有方法，即绘画，以及创造和自然的结合。

《列奥纳多·达·芬奇传》的作者沃尔特·艾萨克森则将达·芬奇的成功归于20点："保持好奇，不断好奇"、为求知而求知、保持孩童般的惊奇、勤于观察、始于细节、见所未见、穷追到底、兴趣广泛、尊重事实、适度拖延、让完美成为美的敌人、视觉化思考、突破局限、挑战不可能、放任幻想、"为自己创造，而不仅仅是为了客户"、团队协作、列出任务清单、在纸上做笔记、拥抱神秘。

二、达·芬奇学习法的七原则

另一本关于达·芬奇的书，《像达·芬奇那样思考》的作者盖博提出了7点：好奇心、论证、感觉、开放、艺术/科学、均衡、联系。这7点给了我很大启发。达·芬奇能够通过自学的方式，从一个出身平凡的人变成成就非凡的人，依赖的不只是他的努力，还有科学和系统的学习方法。

基于多年工作经验，以及对心理学、脑科学、认知学的研究，我将盖博提出的7点发展为达·芬奇学习法的7个原则，在本书中与大家分享。

原则1：保持好奇心

每个人都有好奇心，但很少有人像达·芬奇一样保持好奇心。达·芬奇抬头看到树冠，发现向阳和背阳的枝叶不对称，向阳的枝叶浓密，背阳的枝叶稀疏；他低头看到树桩，发现树桩呈现出一圈圈的年轮。达·芬奇对一切都抱有好奇心，很少将其当作理所当然。

原则2：坚持实践

有了好奇心，我们就会想着做点儿什么。很多时候，我们只是想想，没有具体的行动。达·芬奇则不同，他总会行动起来。为了研究如何把人物、动作表现得更真实，他先后解剖了三十多具尸体。为了还原景物的亮丽颜色，他尝试了各种颜料搭配方式。

原则3：充分感受

在实践的过程中，我们总是追寻一个所谓的答案，而忽略了过程中看到的、听到的、闻到的。达·芬奇则不同，他仔细观察其中的每个变化。他反复观察各种鸟类飞行的姿势，并在笔记本上记录下飞行中的鸟类羽毛的变化和翅膀运动的方式。这为他后期设计飞行器提供了充足的灵感。

原则4：接纳结果

实践结束后，我们就要面对好坏不一的结果。面对坏的结果，很多人抱着消极的态度，并放弃后续的行动。达·芬奇则不同，他能接受各种好与坏、美与丑。面对研究"化圆为方"问题时一次次的失败，他仍然坚持不懈，尝试各种可能的方法。这种接纳各种结果的心态，让达·芬奇始终保持着探索精神。

原则5：平衡理性和感性

在实践中，有的人倾向以理性的方式思考，有的人倾向以感性的方式思考。达·芬奇则不同，他将感性和理性结合在一起。在他的笔记本中，到处都是精美的插图配上简略的文字。这种思考方式可以更清晰地展现他观察到的一切，并有助于后续的思考。

原则6：保持健康的体魄

在一些人眼里，聪明的大脑和强壮的身体很难并存，具有聪明大脑的人，要么是瘦弱的，要么是胖胖的。但达·芬奇截然相反，他的运动能力很强，他通过大量运动、健康饮食等多种方式，保持身体健康，以维持更好的精力进行学习。

原则7：拥有组合的力量

在认识世界的过程中，我们总是在不断地进行各种分解，试图把"丁是丁，卯是卯"做到极致。达·芬奇却在反其道而行之——进行各种组合。他将啄木鸟的舌头和鳄鱼的下巴放到一起进行比较，将数学与美术结合，应用到建筑和城市规划中，把贝壳的纹路和树的年轮放到一起思考。这种组合不仅为他提供了更广阔的思路，还促进了他对各个领域的认识，使他获得非凡的成就。

第五节　践行七原则的终点——自驱型成长

每个人都曾经努力过，努力的时间可能长达几周甚至几年。这个过程中，我们也取得过一些成绩。但是，很少有人能坚持下来，取得心中期待的结果。而达·芬奇几乎一生都在践行七原则，他独自在各个领域进行研究，并取得一系列的成果。是什么样的力量让他坚持了这么多年？我们能不能拥有这样的力量呢？

一、为什么他可以"幸福地"学习

在我们过往的经历中，学习可能并不是一件幸福的事情。每天，我们都会学习一堆新知识，如生字、生词、新单词、公式、定理、方法；然后要做各种类型的题目，来熟悉和掌握新知识；接着要通过各种形式的复习来巩固旧知识；最后要参加各种考试，以检验自己的学习情况。

当我们为这些事情烦恼的时候，达·芬奇却在幸福地做各种研究，并且一做就是几十年，直到生命的最后时刻。其中的原因很简单，因为他做事的时候，有着稳定的内核和良好的心态，具体来说分为以下三点。

1. 自主感

当达·芬奇看到翱翔在天空的飞鹰时，他会好奇它为什么能在天上飞。为了满足自己的好奇心，他开始仔细观察鸟儿如何扇动翅膀、如何在空中滑翔、如何调转方向。他的每次实践都是他的好奇心触发的。这让达·芬奇觉得，自己在做自己想做的事情，自己掌控了命运。

这就是自主感，它让人们感觉到，自己是事情的决定者。这种自主感可以帮助人们应对更大的压力，忍受更多的痛苦。这也是达·芬奇能够忍受厌恶和恶心，在夜间与尸体共处一室的原因。

2. 能力感

达·芬奇通过充分感受、平衡理性和感性，并借助组合的力量，最大限度地寻求事物背后的原理，以满足自己的好奇心。即使面对失败，他也能坦然接受，重新开始找寻答案。他始终相信，自己有能力解决遇到的问题。

这就是能力感。它让人们觉得，自己可以影响周围的环境，并有能力从中获取自己想要的东西。这种能力感会使人身体更健康，感觉更快乐，更有活力去做自己感兴趣的事情。这也是达·芬奇能够享受各种探索的原因。

3. 归属感

随着达·芬奇能力的提升以及不断取得成就，很多人都被他吸引，成为他的朋友或者资助人。例如，由于对数学的共同热爱，卢卡·帕乔利成为他的朋友，他们一起编写了《神圣比例》。出于对达·芬奇的钦佩，米兰大公卢多维克·斯福尔扎成为达·芬奇的赞助者，并送给他一座葡萄园。他一直无条件地资助达·芬奇，达·芬奇去世前的最后一处居所就是由他赠送的。

达·芬奇从来都不觉得自己是孤单的，他与很多人保持着联系，并受到他人关心。这就是达·芬奇的归属感。

正是这三种心态，为他创造了幸福的体验。觉得学习不幸福的人可能恰恰就缺失了这三种心态。

- 在学习的时候，我们总是被动应对。老师讲什么，我们就听什么。老师布置了做哪几道题，我们就做哪几道题。我们的一切都在被安排。我们有一种错觉：学习是为了老师、为了家长，唯独不是为了自己。如果你有类似的感受，说明你缺乏自主感。

- 当老师上课提问时，我们认为自己答不上来，所以不敢举手；对于练习册上的题目，我们读了一遍，感觉太难，不是自己能搞定的，马上放弃；快到期末考试了，我们担心自己是不是又要考试不及格了。我们总是认为自己做不到，即使偶尔做到，也是运气使然。如果你有类似的感受，说明你缺乏能力感。

- 看着班里成绩好的同学在讨论题目，你却没有兴趣加入；你有了问题，却不向老师提问，因为你认为老师不愿意解答你的问题；回到家里，你不愿意和家长聊聊学校的事情。如果你有类似的感觉，说明你缺乏归属感。

如何才能培养自己的自主感、能力感和归属感呢？如何不再讨厌学习、害怕学习，而是让学习变成一件幸福的事呢？这本书将会为你揭晓答案，那就是——达·芬奇学习法七原则。

二、像永动机一样的七原则

在学习过程中，我们都有过幸福的时刻。例如，我们也被老师当众表扬过，接受过同学们羡慕的眼光；我们也曾因为好奇，主动学会了某个知识；我们也曾在某次作业或者考试中，做出了很多人没有搞定的题目。可惜，这些幸福时刻都很短暂。如果幸福能像永动机一样源源不断地产生，那我们就不用担心自己的学习了。那有没有这样的永动机呢？

历史上，很多科学家都研究过永动机，试图找到不额外消耗能量就能一直运作的机器。其中，最知名的一位科学家就是达·芬奇。他使用了28页笔记来记录他的各种研究。在笔记本上，他绘制对应的机械结构，然后推演运行方式，并评估是否能实现永动。最终，他得出结论：永动机是人类的痴心妄想之一。

虽然达·芬奇没有设计出不需要额外消耗能量的永动机，但他却找到了不需要外部驱动的自学方式。他对身边的一切都充满好奇心，进行了各种探索和研究，并取得了相应的成就。在这个过程中，达·芬奇没有受到外力的驱动，却一直在前行，就像身体中安装了一台永动机。这台永动机就是他的七原则（见图1-5）。

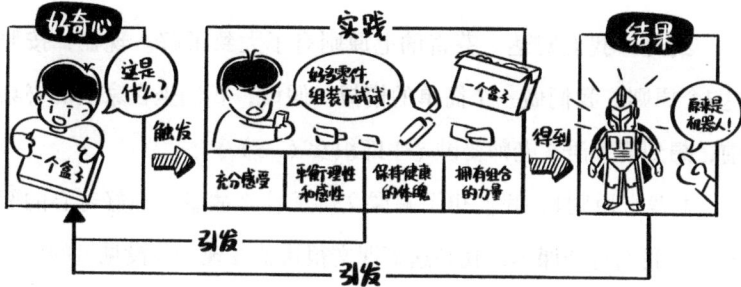

图1-5 近似永动机的七原则

基于原则1，他总是对发生在身边的事情保持好奇心。基于原则2，他坚持实践，满足自己的好奇心。基于原则3，他不断感受实践的细节，发现更多有趣的地方。基于原则5，他采用理性和感性两种思考方式，获得更深入的认知。基于原则6，健康的体魄帮助他在实践的过程中一直保持精力旺盛。基于原则7，他将不同的事物组合在一起，帮助自己理解。原则3、原则5、原则7不仅有助于他获得取得更好的结果，还能让他产生更多的好奇心。即使结果不符合他的预期，没有满足他已有的好奇心，他也坦然接受，坚持不懈，这就是原则4。

所以，小小的好奇心就能触发达·芬奇的一次实践，而实践又会带来更多的好奇心。更多的好奇心触发更多的实践，更多的实践又带来更多的好奇心。这就使得达·芬奇对知识有着永无止境的渴望，不断地探索和研究，也不断地收获，最终成为人类历史上最顶尖的一批人之一。

三、我们的自驱型成长

到此，我们对达·芬奇的七原则有了大致了解。现在，按照这7个原则，我们做一个简单的模拟。假设，我们坐在家里的书桌前，想到明天语文老师要讲《牛郎织女（一）》。

1.践行原则1，我们想了解课文讲了什么故事。在好奇心的驱使下，我们打开课本，找到这篇课文很快就发现一些没见过的字、词。那这些字词是什么意思呢？

2.践行原则2，通过查字典和词典，我们了解了这些字词的含义，将查到的信息标记在课本上，甚至还单独做了一些笔记。

3.其中，有几个字是多音字，几个词是多义词。践行原则3，我们对这几个字和词进行比较，确定课本中出现的是哪种情况。

4. 但是，还是有一个词的意思无法确认。这时，践行原则4，我们暂时接纳这个结果，期待老师在课上解答。

5. 我们开始尝试做课后习题，读完题之后，重新读课文，并践行原则5，图文结合，尝试从插图中寻找答案线索。

在不断好奇和不断满足中，我们自发地完成了课文预习。没有父母督促，我们做了自己感兴趣的事情，因此获得了自主感，同时独立学到了很多新知识，还找到了答题线索，这让我们获得了能力感。

当第二天上课时，我们对老师满怀期待，等待自己的问题得到解答。这让我们感觉，自己在主动听课，而不再是被动地听老师讲。由于我们提前预习了课文，已经掌握了部分内容，所以这节课变得简单了很多。因此我们能感觉到，自己好有能力。同时，由于提前尝试做了课后习题，我们受到了老师的表扬。我们一下子就觉得，老师还是很喜欢自己的。

在这一过程中，我们获得了自主感、能力感和归属感，觉得很开心。回到家中，我们将被老师表扬的事情分享给父母。父母脸上流露出久违的笑容，也不再唠叨我们。由于我们课前预习过，上课听得认真，复习变得快了不少，作业也变得简单多了。一切完成后，我们又在好奇心的驱使下开始新的预习，并期待明天有更好的表现。

所以，只要践行七原则，我们就像身体里有了一台永动机，能持续地感受到幸福，不断地学习并成长，实现心中的梦想。

第二章

原则1：保持好奇心

　　爱因斯坦曾经说过："我没有什么特别的天才，只有强烈的好奇心。"虽然这可能是爱因斯坦的自谦之言，但也证实了爱因斯坦对好奇心的重视程度。在学习中，好奇心发挥着极其重要的作用。如果把学习比作蜡烛，那好奇心就是蜡烛的烛芯。所以，如何利用好奇心，就显得尤为重要。

第一节　拥有无限好奇心的达·芬奇

作为一名水利工程师，达·芬奇经常勘测河道，并且曾在河道边发现鱼、贝壳的化石。有一次，他在爬山的过程中被一片岩壁吸引。这片岩壁常年被风吹雨淋，显露出汉堡包一样清晰的层次，这非常像河道旁边长期堆积的岩层。在其中，达·芬奇看到了熟悉的鱼类和贝壳的化石。为什么山上会出现水生物的化石呢？

开始的时候，他想起了传说中的大洪水。据说，很久很久之前，人类经历了一场史无前例的大洪水。这场大洪水淹没了所有的山。如果真的存在这样的大洪水，鱼类和贝壳就有可能被冲到山上，然后形成化石，但达·芬奇很快推翻了这个想法。

如果鱼类和贝壳是被洪水冲到山上的，那它们的化石就应该混杂着堆积在一起，但他看到的却是鱼类、贝壳的化石各自聚在一起。达·芬奇经过仔细地思考，得出一个新的结论：地壳经常会发生剧烈的水平和垂直运动，从而形成海洋和山脉。如果原本的海底向上运动，变成了高山，就会导致海底的化石出现在山上。放到现在，这个结论非常简单明了。但在达·芬奇所在的时代，这个想法是非常超前的。因为直到200多年后，这个现象才被丹麦地质学家斯泰诺正式发现，并被命名为地层层序律。而在达·芬奇的一生中，这种令人惊奇的发现不计其数。

因为好奇心，达·芬奇开始思考，天空为什么是蓝色。经过冥思苦想，他得出一个结论，这应该是空气中的水蒸气引发了散射。虽然这个结论不完全准确，但它比瑞利散射规律的发现早了四五百年。

因为好奇心，达·芬奇观察老鹰是如何努力地拍打翅膀、让自己悬浮在空中的。他得出结论，翅膀作用在空气上的力等于空气反作用在翅膀上的力，这让老鹰停留在空中。在约200年后，牛顿提出了更完善的阐述，也就是我们熟知的牛顿第三运动定律——力与反作用力。

因为好奇心，达·芬奇思考了一个又一个问题，并在笔记本上写下他的结论。其中，大部分结论都被后世的科学家证明是正确的。很可惜，这些笔记都没有及时发表。

为什么好奇心能发挥如此巨大的作用呢？

第二节 好奇心激发驱动力

在漫长的演化中，是什么促使人类发展至今？在日常生活中，是什么促使我们做出这样那样的行动？答案就是好奇心。

一、进化的力量：探索世界的潜意识学习

大家有没有观察过自己阅读的习惯？当翻开新的一页时，有的人并不是马上从第一行开始阅读，而是快速地浏览一下整页内容。如果发现有插图、表格，他们会先看一下。如果没有，他们就会从第一行开始阅读。虽然这个动作持续的时间只有几秒，却是好奇心的表现。千万不要小瞧这一点点好奇心，它带来的学习效果一点儿都不逊色于专门学习。心理学家把这个现象称为"潜意识学习"。

人类总是因为好奇心而探索世界。例如，我们跟着老师进入办公室，会放缓脚步，四处打量，感受一下办公室里的气氛。同学递给我们一个袋子，我们要掂掂重量，甚至看一眼袋子的外观，看看有没有破损。

在阅读的时候，我们扫视一遍新一页的内容，也是为了提前了解情况。如果文字中谈到某个插图或者表格，我们也会快速找到插图，甚至还会产生一点点的熟悉感。这种熟悉感看似微不足道，却预示着我们进入了一种高效的学习状态。很多人都从中受益过，自己却很少注意到。

有一天，初三学生小高突然向我报喜。学语文一直倍感困难的他，竟然只花了半个小时就背下了《岳阳楼记》全文。这种顺畅的感觉很久没有在他身上出现过了。我们一起复盘，寻找产生这种感觉的原因。他以前从来没有看过这篇课文，身体状态也没有太大变化，父母和老师也没有给他特别大的压力。一个个可能的原因排除后，我突然想起，他以前经常看小说。为此，他还被老师和父母批评过很多次。

说到这里，小高恍然大悟："我想起来了。我说这篇古文怎么学着这么熟悉呢。"原来，他在两年前读过一本以宋代历史为背景的小说。在这部小说中，滕子京作为配角出现。由于看完这本书已经两年，他早已忘记，根本没想到这段经历会在背课文上发挥作用。

这就是潜意识学习的价值。任何因为好奇心看到和听到的东西，都很容易变成我们的记忆。随着时间的流逝，这些记忆可能被尘封了，但一旦我们再次学习，这些记忆就会被唤醒，帮助我们理解新知识，并加深对新知识的记忆。所以，我们可以充分利用这种学习方式，提高日常的学习效率。

- 无聊的时候，我们可以翻翻课本，哪怕只是欣赏一下书中的插图。

- 在选择图书的时候，我们可以选择一些与所学科目相关的科普读物，如地理科普读物、历史人物传记等。

- 在休闲的时候，我们可以去观赏一些画面精致的纪录片，如与地理、历史、天文相关的。

这种学习方式不仅非常有效，还能节省我们的精力。因为一旦产生好奇心，我们就会拥有行动的力量，进而想要做点儿什么，以满足自己的好奇心。

二、行动的门槛：多巴胺的分泌

在教室里，我们静静地坐在课桌前。突然，同桌扔给我们一个小纸团。我们是假装没看到继续听课，还是偷偷地打开瞅一眼？这个时候，我们的大脑就开始做决定。在决定的时候，大脑面对两套行动方案（见图2-1）。

图2-1 大脑应对小纸团的两套方案

第一套行动方案是保持不动，继续听课。第二套行动方案是拿起纸团，看看里面的内容。大脑做选择的标准很简单，就是看哪套方案更容易执行。在初始状态下，每套行动方案都因一定的门槛而无法执行。当某套行动方案的门槛降低到一定程度，大脑就会马上执行这套行动方案。在这里，能降低门槛的是一种神秘物质——多巴胺。

多巴胺是大脑分泌的一种化学物质。它可以激活脑部区域，也可以抑制脑部区域。当多巴胺激活脑部某个区域，则该区域相关的行动方案的门槛会被降低。激活程度越高，门槛降得越低，直到行动方案马上被大脑执行。

多巴胺的产生受到很多因素影响，其中好奇心是非常重要的一个因素。当我们的好奇心越强烈，大脑分泌的多巴胺越多，我们就越容易做对应的事情。例如，如果老师所讲内容引发的好奇心远超同桌纸团引发的好奇心，我们就会优先执行继续听课的方案，直到老师所讲内容引发的好奇心弱于纸团引发的好奇心，我们才会偷偷打开纸团。

同时，多巴胺还会影响大脑下次为相同行动方案设置的门槛。当我们执行完某套行动方案，大脑会评估这次行动的收获。如果收获大于预期，大脑下次会降低这类行动方案的门槛。这样，这类行动方案更容易被执行。反之，大脑下次会提高这类行动方案的门槛，导致这类行动方案更难被执行。

例如，我们好奇纸团上写了什么，想知道他是不是要请我吃雪糕。我们冒着被老师发现的风险，打开了纸团，结果上面写着"放学后，你替我值日，我家里有事，先走一步"。我们肯定气不打一处来，以后就不一定优先去看他的纸团了。

多巴胺会对我们的学习产生巨大的影响。如果学习能使大脑分泌更多的多巴胺，大脑就会更多地选择和学习相关的行为，如仔细听课、认真做题、努力复习。

促进大脑分泌多巴胺的有效方式之一就是好奇。当我们接收到未知的、新颖的、突出的、潜在的重要刺激，大脑就会给予这些刺激适当的关注。这时候，大脑就会分泌更多的多巴胺，驱使我们去探究，并且这种分泌机制是与生俱来的，不是后天习得的。所以，利用好多巴胺，我们就能随时开始学习。

第三节 好奇心分为哪几种

在好奇心的相关研究领域，具有突出贡献的人士之一是英国心理学家丹尼尔·伯莱因。他将好奇心分为两类，分别是知觉好奇心和认知好奇心。这两类好奇心主导了我们生活和学习中的各种行为。

一、知觉好奇心：发生了什么

下课了，大家在教室里面聊天。突然，你闻到一股奶油的香味，你开始好奇，谁又偷偷带零食了？顺着味道，你扭身向后看，抬起的胳膊突然碰到一个东西，并且听到"哎哟"的一声。胳膊碰到什么东西了？难道碰到人了？你看着你的后桌慢慢抬起头，脸上糊着一团白白的东西。他脸上糊的到底是什么？你的内心发出疑问。

鼻子闻到的奶油香味、胳膊传来的磕碰的感觉、耳朵听到的哎哟声、眼睛看到的白乎乎的东西，这些都引发了你的好奇心。这类好奇心被称为知觉好奇心,它是由感觉器官受到的刺激引发的,而且这些刺激都具有相同的特征,如新奇、模糊或者使人困惑。知觉好奇心被引发后,我们就会对感觉进行确认。

知觉好奇心很容易被引发。有时候到了一个新的环境,我们就会开始观察,感觉器官就会源源不断地受到各种新的刺激,进而引发好奇心。但是,知觉好奇心也很容易消失。只要分辨清楚刺激从何而来,我们的好奇心就会消失。

例如,突然听到同桌开始打嗝,我们会好奇他出什么问题,多长时间才能恢复正常。经过几分钟,我们发现,他很难控制住,一直不停打嗝。之后我们再听到他的打嗝声,就不会再好奇了。

在学习中,知觉好奇心也普遍存在。例如,练习册的某幅图印花了,我们会想知道这幅图要传递什么信息;老师表情突然严肃,我们会猜想是否有人不认真听课;翻开作文本,看到老师用连笔字写的批语,我们会好奇老师写的到底是什么。

二、认知好奇心:是什么和为什么

英语老师念了一个新单词,它是什么意思呢?语文老师提到诗人杜牧,他是哪个朝代的?数学老师说三角形的内角和是180°,什么是内角呢?这些好奇心被称为认知好奇心。认知好奇心是人类独有的,它反映了我们对知识和信息的渴望。

认知好奇心可以分为两类,分别是"是什么"和"为什么"。前面列出的好奇心属于"是什么"类。"为什么"类好奇心主要出现在事情与我们预期不同的时候。例如,当做某道数学题目时,我们认为答案是41，但正确答案却是37。此时，我们就会好奇，为什么41就不对呢？

认知好奇心的引发与我们所具备知识的多少有关。当我们知道得越多，我们越容易接触更多未知的知识，我们的好奇心就越强。就像古希腊哲学家芝诺说的那样："人的知识就好比一个圆圈，圆圈里面是已知的，圆圈外面是未知的。你知道得越多，圆圈就越大，圆圈所能接触到的你不知道的知识也就越多。"

在学习中，引发认知好奇心非常重要。我们该如何激活这种好奇心呢？不妨通过以下四个阶段来实现。

1. 第一阶段：与现有认知冲突

当一条信息与我们现有的认知有冲突，我们就会产生好奇心。例如，当看到"伊犁河从东向西流"，我们都会很好奇。因为在我们的认知中，我国大部分河流都是从西向东流，如黄河、长江。伊犁河为什么会从东向西流呢？这是真的还是假的呢？我们的好奇心一下子就被激发了。

但是，如果你对我国大部分的河流的流向没有基本认知，就不会产生这样的好奇心。在某种程度上，懂得越多的人越容易被激发好奇心。这也是很多"学霸"愿意主动学习的原因。

2. 第二阶段：现有线索之间存在冲突

如果信息未与我们的认知产生冲突，就会进入第二阶段。在这个阶段，我们会对信息进行思考，从而引发冲突。例如，海星如何吃东西？大部分人并不了解，但我们会依据以往的经验和认知进行推测和猜想。

例如，通常情况下，蛇是把食物一口吞下去，再慢慢消化和吸收的；狗是一口一口地啃着吃东西的；牛是先把食物吃下去，然后反刍出来，慢慢地咀嚼。那海星会采用哪种进食方式呢？我们的每个想法都是一条线索，而线索之间就存在冲突。这时，我们也会产生好奇心。

所以，不仅掌握知识多的人容易产生好奇心，喜欢思考的人也容易产生好奇心。

3. 第三阶段：与其他事情冲突

随着思考的进行，我们无法产生新的想法时，就会想到一些无关的事情。这些事情会同当前关注的事情产生冲突。这时候，人也会产生好奇心，我是先去做其他事情，还是坚持思考当前的事情？

4. 第四阶段：接受或拒绝的冲突

到了最后阶段，人们可能面临几个备选答案。每个备选答案看起来都可信。这个时候，人们就开始面临新的冲突，即接受还是拒绝某个答案。例如，面对一道单选题，我们觉得选项A和选项C都对。在探索正确答案的过程中，我们的好奇心就又被激发了。

第四节　学习阶段的好奇心

我们在学校里的学习过程大致可以分为预习、上课、做作业、复习和考试。在这5个不同的阶段，好奇心的多少，直接影响了我们投入的精力和专注程度。这时候，提升在每个阶段的好奇心就显得尤为重要了。

一、预习的好奇心

在预习阶段，我们很容易产生好奇心，因为我们想知道明天老师要讲什么。比如，我们会想知道：这个字怎么读？那个词是什么意思？这个单词是什么意思？那个句式怎么用？这个图形反映了什么？那个公式用在哪里……预习能引发这么多的好奇心，但很多同学还是不愿意预习，因为他们遭遇了以下问题。

1. 不愿意翻开课本

很多同学回到家后，就不愿意把课本从书包拿出来。即使把课本摆到桌上，他们也只是盯着课本发呆，不愿意翻开。因为这些同学平时学得不好，总是被课本上的内容难住，所以从心理上惧怕课本。那么，他们该怎么办？

这个时候，千万不要停下来，而要抓紧翻开课本，找到要预习的内容。因为引发不适感的是过往没有学会的内容，这些内容汇聚起来，被我们的大脑概括成课本的形象，更具体来说，是课本的封面。当看到课本封面，我们就觉得不舒服。我们越盯着封面不放，心里越难受。所以，只要翻开课本，找到新内容，脱离封面对我们的刺激，情绪就会缓解。

2. 不会的太多

很多同学翻开课本后，看上几分钟就放弃了。不是课本中没有新内容，而是"新内容"太多了。例如，翻开英语课本，我们读一篇新课文，一个段落总共有3行，里面有十几个单词是自己不认识的。在这种情况下，连读都读不下去，自然不会对整段话的意思好奇了。

这就像心理学家做过的看图片实验。志愿者看完一张清晰的图片后，对再看到这张图片就没有了期待。当看到的是一张模糊版图片，志愿者就想看到对应的清晰版图片，以满足自己的好奇心。但是，当图片过分模糊，志愿者对清晰版图片的好奇心反而减弱。

所以，在预习的时候，如果发现自己有太多不会的内容，我们就要停下来，先去复习对应的旧内容。当旧内容都掌握后，我们就更可能对预习的新内容产生好奇心。

3. 不会提出问题

当我们面对一个问题却无法回答时，我们就会感受到自身知识的欠缺，好奇心也油然而生。但是，很多同学不知道如何提出问题，导致无法产生足够的好奇心。这个时候，我们可以使用拉米提问法。拉米提问法是法国数学家伯纳德·拉米提出的一种提问方式。这种方式从知识结构的角度提出问题，具体涉及类别、种差、组成、定义、词源、反义词、原因和由来、结果与衍生物8个角度。

例如，我们读到《醉翁亭记》的第一句"环滁皆山也"。对"滁"，我们可以按照拉米提问法，进行以下提问。

- "滁"的类别是什么？看了注释，我们知道，这是一个名词，表示滁州。

- "滁"由哪几部分组成？从字形上看，这个字包含两部分，分别是氵和除。其中，氵表达意思，除表示发音。

- "滁"的定义是什么，即它表示什么意思？滁表示滁州，在今安徽东部。

- "滁"的词源是什么，即这个词是如何产生的？通过查资料，我们可以了解到，"滁"最早写作"涂"，表示一条河。到了唐代，人们改写为"滁"，并引申为滁河流经的区域，即滁州。

- "滁"的反义词是什么？作为一条河的名字和一个地名，它没有反义词。

- "滁"产生的结果与衍生物有哪些？例如，滁州产的一种特有的菊花被称为滁菊。

从这6个角度来提问，我们对"滁"的好奇心就足够多了。针对具体问题，则需要我们灵活运用拉米提问法，依据实际情况有选择性地提问。

二、上课阶段的好奇心

有一次，大家一起闲聊，讨论最好奇课上的什么内容。有人好奇今天老师要讲什么内容，有人好奇今天自己举手会不会被老师叫到，有人好奇老师会不会讲到自己昨天预习遇到的问题，有人好奇老师会不会抽查昨天布置的背诵作业。大家的想法各不相同（见图2-2）。

图 2-2　课堂上不同的好奇

相比预习阶段的好奇心，上课阶段的好奇心显得更多样化。即使有这么多好奇心的加持，很多同学还是坚持不了一直认真听课，听上几分钟就走神了。问题出在哪里呢？

1. 对新内容缺少了解

老师讲新课的时候，很多同学都不知道新内容包括哪些，更不知道哪些新内容是自己需要注意的。当我们对新内容了解得太少时，新内容就无法引发我们的好奇心。当我们了解得多一些时，好奇心才容易产生。

所以，在上课前预习一下，了解老师将要讲解的内容，是有助于增强好奇心的。

2. 听不懂老师所讲内容

每次上课前，很多同学都发誓要仔细听讲，努力做个好学生。结果，没过10分钟，有的同学就坚持不住，开始四处张望，无法专心听讲了。造成这种现象的原因不是这些同学不想听，而是他们听不懂老师所讲的内容。

我们接收的信息和大脑中已有的信息之间，存在一定的差距。当信息差距从无到有地逐步增大，我们的好奇心也会跟着增强。但是，当信息差距太大的时候，我们的好奇心反而会减弱。要解决这个问题，我们需要双管齐下。不仅要预习，了解新知识有哪些，还要复习相关的旧知识，避免因为对旧知识不熟悉影响理解新知识。

3. 好奇心的来源单一

有的同学因为预习过，就觉得老师讲的内容没新意，提不起兴趣来听课。有的同学则不然，预习后上课更积极了，因为他可以举手回答老师的问题，展现自己的能力。即使老师不点他回答问题，他也觉得很开心，因为他是少数几个每次都敢举手回答老师问题的人。

另外，有的同学会在预习时尝试做一下课后习题，了解老师布置的作业可能有哪些。这样，他上课的时候就会留意老师讲的各种题目，发掘课堂例子和课后习题之间的关系。由此，他就可以快速完成作业，从而节省出大量的时间去做其他的事情。

所以，我们不仅可以从新知识点的角度激发好奇心，还可以从与老师互动、完成作业等多个角度激发好奇心。这样，我们就能利用好奇心去探索更多的知识了。

三、做作业时的好奇心

一说到作业，我们就五味杂陈。首先，我们都知道做作业的重要性。如果只听课、看书、做笔记，我们很难完全掌握所学的内容。做作业是我们熟悉和掌握知识的重要方式。然而，当拿到作业，大部分人总是有些抵触。很多人总是无意间把作业放到最后，先去完成复习、预习等学习任务。

即使有的人选择马上开始写作业，也是拖拖拉拉，花10分钟写3个字，花1个小时完成1道题目。为什么会有这样矛盾的表现呢？大部分时候，这是因为我们对作业缺乏好奇心。不同的人缺乏好奇心的原因不同，激发好奇心的方式也不同。

1. "学霸"的好奇心

对于"学霸"来说，大部分的作业太简单了。题目还没有读完，"学霸"就已经知道这道题目的解题思路是什么，中间有什么陷阱。"学霸"写完作业后，通常出现的感觉是脑袋一点儿都不累，手却酸得不行。所以，许多"学霸"觉得写常规的作业很无聊，对作业没有任何好奇心。

从信息差距的角度考虑，只要动点儿小心思，我们就能提升做作业的难度，重新激发对作业的好奇心。常用的方法有以下几种。

（1）我能不能全对？虽然题目简单，但我们不一定能把每道题目都做对，总会出现一些小疏漏，如没注意到小数点、少写了标点符号、少写了单位或者没有给单位加括号。当我们期待把每道题目都做对的时候，我们就会注意这些细节，这就增加了挑战难度。

（2）我能不能做得更快？当我们期待以更快的速度完成作业，就会变得更专注。同时，我们会仔细思考，哪些动作是必须的，哪些动作是多余的。

（3）有没有更巧妙的解题方法？我们经常有一种错觉，自己已经思考过所有的解决方法了。但是，如果我们系统地思考，还是会发现新的方法。所以，可以换一个角度考虑，看看还有没有新的方法。

2. 大部分同学的好奇心

面对作业，大部分同学的心情则比较复杂。对于简单的作业，还可以勉强搞定。对于困难的作业，绞尽脑汁，仍百思不得其解。遇到一道难题，还会坚持，期待下一道题目简单一些。遇到两道，就开始气馁了。遇到三道，就彻底放弃了，认为自己已经无法完成作业了。这个时候，好奇心已经消耗殆尽了。

这种情况不仅发生在学习中，也发生在生活中。曾有科学家在医院对患有重病的病人做过一个调查。如果病人认为所患的疾病是可治愈的，病情越严重，病人越想参与各种检查和资料，并积极了解相关信息。但如果病人认为所患的疾病是不可治愈的，他们就会回避后续检查和治疗，也不想知道疾病相关的信息了。幸好，我们学习的知识都是可以被我们掌握的。所以，只要我们想学，就一定能学会。现在不会做某些题目，可能是我们错过了老师的讲解，可能是我们对知识点的理解有问题，也可能是我们解题时使用了错误的知识。这个时候，思考以下问题就可以重新激发我们的好奇心。

（1）是否遗漏了一些内容？可以借同学的笔记，将其与自己的笔记做比较，检查自己的笔记是否缺少特定的内容。

（2）理解是否正确？很多时候，我们认为自己已经掌握了所学内容，但实际可能差得很多。这个时候，可以做一个简单的验证。把自己对知识点的理解写出来，并和课本上的内容进行对照，判断是否一致。如果发现不一致，就找到了问题所在。

（3）我们解题时是不是选错了公式或知识点？通常我们默认当天布置的作业考查的就是当天学习的知识点。但有时候，老师布置的作业是为了让我们巩固以前学习的内容。这往往就导致我们使用了错误的知识点。所以，遇到解决不了的问题，可以回忆最近一段时间学习的内容，从中挖掘可能的解题思路。

四、复习的好奇心

很多老师都重视复习。他们不仅要求我们每天自己复习，还会在期中、期末阶段带着我们一起复习。但是，很多同学总是不愿意复习。只有在考试前，他们才会迫于考试压力，瞅瞅课本、翻翻笔记、看看习题册，应付一下。为什么大家不愿意复习呢？主要有以下两个原因。

1. 缺乏新鲜感

在预习阶段，课本上到处都是生字、生词、新单词、新定理、新公式、新说法。我们觉得什么都是新鲜的。在上课阶段，老师总会讲到一些课本上没有的内容，这也让我们觉得有新鲜感。在做作业阶段，虽然我们用着旧知识，却在做新题目，我们还是能感受到新鲜感。但到了复习阶段，一切都变了。

拿起课本，发现所有的内容都看过了，觉得再看几遍也没意思。拿出笔记本，发现所有的内容是自己写过的，还是觉得没有新信息。拿出习题册，发现所有的题目都做过，更觉得没意思。这就需要我们在复习中重新寻找新鲜感，从而激发自己的好奇心。

最简单的方法就是从知识的关联性上下手。我们学到的任何内容都不是孤立的。当对一个内容缺乏新鲜感时，可以将范围扩大，寻找它与其他内容的联系。例如，在数学中，掌握了三角形面积的计算公式后，就可以学习其他图形的面积计算公式，研究这些公式是否有相似性。在英语中，掌握了"March（三月）"这个单词，就可以学习其他月份的英文写法。在语文中，掌握了"森"的写法，就可以学习类似结构的其他字的写法，如"垚""森""鑫""晶"等。

2. 自我感觉良好

很多时候，不愿意复习，是因为我们感觉自己已经掌握了。这种感觉来自我们对课本、笔记、习题册的熟悉感。这种感觉非常有误导性，它让我们认为自己不需要复习了。但是，到了考试时就傻眼了，事情并不是我们想象的那样。为了避免这种情况，我们可以用两个小技巧重新激发自己的好奇心。

（1）记忆法：可以默写对应的知识点。例如，在语文中，可以默写新学的生字、生词，并写出对应的意思；在数学中，可以默写新学的术语、公式和定理；在英语中，可以默写新学的单词和新的语法示例。默写之后，再和课本、笔记上的内容对照一下。如果有写错的、遗漏的，肯定会想为什么会这样，我们的好奇心一下就被激发了。如果没有错误和遗漏，那就说明我们真正掌握了。

（2）检测法：找一本新的习题册，测试一下自己对新内容的掌握情况。如果能够顺利解答所有的题目，那说明我们已经掌握了对应的内容。如果解答不出题目或者解答出错，我们肯定会好奇出了什么问题，那我们势必会复习一下对应的知识点。

五、考试的好奇心

考试是什么？有人说，考试是一个舞台，可以展现自己的能力。有人说，考试是一个检验自己的好机会，可以检验学习方法的有效性。有人说，考试就是一场噩梦，每次梦到自己在考试，他都会从睡梦中惊醒。

1. 考试是大号的作业

我的一个朋友说过一个有趣的观点：考试就是大号的作业。平时的作业就只有一两页纸，里面有几道至十几道题目。考试时有四五张纸，包含几十道题目。考试不仅增加了题量，还包含了更多题型。平时的作业侧重考查我们在最近几天内学习的知识，而考试则考查我们整个学期或者整个学年学习的知识（见图2-3）。

图2-3　平时作业与考试的对比

　　总结下来，平时作业比较简单，我们很容易感到无聊。考试则比较复杂，我们不容易感到无聊。这是因为复杂性引发了我们的好奇心。但是，很多同学根本不会对考试好奇，只会避之不及。这是为什么呢？

　　2. 考试往往与负面情绪相关

　　情绪会左右判断。在很多学生的眼里，考试和作业的最大区别就是前者会给出分数，作业只有对错，对了就会有红钩，错了就会有红叉。评价作业的时候，我们一般只说全对、有对有错、错得比较多、全错。由于评价标准模糊，大家也很少作比较。

　　但是，考试有了分数，情况就变得完全不一样。这道题对了，就多得几分；那道题错了，就少得几分。最后，每个人都会得到各自的分数。分数可以是从0分到满分，相互比较的时候，我们有了更准确的比较标准。

我们总是希望自己的成绩能更好一些。例如，在这次考试进入前30名，就想着下次进入前20名。当进入了前20名，又会想着下次要进入前10名。越来越高的期望最终可能会超出我们的能力，导致产生负面情绪。一想到考试，我们就开始害怕，甚至恐惧。这直接扼杀了我们对考试的好奇心。

3. 重新唤起好奇心

重新唤起对考试的好奇心，我们可以采用"此消彼长"策略。"此消"就是将负面情绪减轻，甚至将其扭转为正向情绪；"彼长"就是让考试引发更多的好奇心。这就需要我们做到以下几步。

（1）面对考试，要了解考试范围，猜测哪些知识点可能要考。获取的信息越多、越具体，就越好奇。例如，"考第2单元到第7单元"比"考整本书"更能引发我们的好奇心，因为猜题的范围也更具体了。

（2）针对考试范围，集中复习。例如，针对某个公式，当我们对这个公式不太熟悉的时候，只好奇考试会不会考它；当熟悉这个公式后，我们不仅好奇是否考它，还会好奇怎么考它。

（3）多关注自己的进步，少与他人进行比较。负面情绪多来自与他人的比较。当分数不如其他人时，我们就会觉得自己能力不行，感觉不幸福。但是，当我们更关注自己的进步，情况就不一样了。

在这种"此消彼长"中，我们的好奇心被重新唤醒，就可以更好地面对考试，为取得好成绩打下基础。

第三章

原则2：坚持实践

　　作为青少年，我想大家都不缺乏好奇心，尤其是面对新事物、新知识。但是，面对老师教授的知识，很多同学却表现出迷茫、惶恐，甚至是厌恶。其实，导致这个结果的原因是缺乏实践。

第一节　实验的拥趸：达·芬奇

　　在绘画的时候，达·芬奇一直在思考，如何把动物和人物画得惟妙惟肖呢？他四处寻找答案。当阅读了意大利建筑家阿尔贝蒂的《论绘画》后，他得到了启发：恰当地描绘人物和动物离不开对它们内部的理解。那么，人物和动物的内部又是什么样子的呢？

　　为了寻求答案，达·芬奇开始解剖尸体。当时，即使是医学院的学生都很少进行人体解剖。人们认为，解剖尸体是一件恐怖的事情。那个时代没有很好的防腐技术，为了掩盖腐败的味道，人们把一些香料放到尸体的旁边，这导致解剖现场香臭混杂，令人作呕。

　　为了方便进行解剖，达·芬奇专门在一家医院中建立了一个工作室。每天晚上，他都一个人工作。他一边解剖尸体，一边将观察到的结果画下来。例如，他把肌肉画成绳子的样子，以描绘肌肉是如何拉动肢体的。

　　在研究过程中，达·芬奇还发现，人在运动时，身体也在发生改变。为了测量这种改变具体的数值，他让模特不停地做动作，如走动、转身、蹲下、坐下。通过测量，他得出了许多结论，比如，当胳膊弯曲的时候，肌肉部分的长度会缩短至原来的2/3；当一个人跪下的时候，身高会降低1/4。

这些成果提高了达·芬奇的绘画水准，使得他绘制出来的人物比例协调、生动形象。同时，这些成果也引发了达·芬奇更多的好奇心，促使他对心脏、神经网络、血液循环系统、颅脑进行更多研究。

第二节 实践的价值：多重收益

有时候，我们虽然产生了好奇心，但并不会主动去做什么。有时候，我们却按捺不住，非做不可。经过一番实践，自己的好奇心被满足，我们还收获了什么呢？

一、好奇心引发的实践及其三大特征

有了好奇心后，总想着做点儿什么。但很多时候，我们并不会有具体的行动。例如，听说班里的"学霸"小李又一次拿了第一，这已经是他第五次拿第一了。我们已经有点儿麻木了，不会再像以前一样刻意跑过去恭喜他又拿了第一，只会在心里将小李取得第一的次数默默地加一。

所以，好奇心并不总会引发具体的实践。只要我们观察到的与掌握的信息存在差异，好奇心就会产生。但是，如果这种差异很小，我们会将新信息自动吸收，而不进行具体的实践。如果这种差异非常大，我们也可能会将新信息自动忽略，不产生行动。例如，有这样一则新闻，一名未满14岁的少年考入了清华大学。据说这名少年5岁上小学四年级，7岁上初中。听到这则新闻，我们确实会产生好奇心，但不会把他作为升学的榜样。因为他的情况与我们的认知差异太大。

但是，当信息差异不大不小的时候，好奇心就会引发实践。这些实践有以下特征。

1. 产生于强大的驱动力

好奇心的驱动力非常强大，强大到能压制身体的本能，如饥饿、口渴等。例如，当拿到一本好看的书，很多人会不吃饭、不睡觉，一直看，直到把整本书看完。我们也许会说这些人有点儿"疯魔"，但实际这是普遍现象。

2. 不需要外部奖励

我们参加考试，希望得到好成绩。我们上台表演，希望获得大家的掌声。好成绩和大家的掌声都属于外部奖励，能让我们更有动力做事。但好奇心引发的实践不需要任何外部奖励，一切都是我们自愿的。例如，我们听到背后传来"咚"的一声响，就想扭头看看后面到底发生了什么事情。我们不期待获得什么奖励，只是单纯想知道结果。好奇心引发的实践不需要外部奖励，这个特征具有普遍性。

3. 越不让做，越想做

上课的时候，突然感觉脚下有东西。但是，老师正面对我们讲课，我们无法低头去查看脚下的情况。越不能做，心里越痒痒，有如百爪挠心。好不容易，老师扭过身，面朝黑板。我们马上低头瞅了一下，原来脚下多了一个小纸团。这时我们才如释重负，继续听课。

这是好奇心引发的实践的另外一个特征——如果好奇心无法得到满足，会引发更强烈的行为动机。并且，行为动机强度会在一段时间快速增加。这就像我们感到饥饿一样，开始的时候，我们只是感觉有点儿饿，但如果不马上进食，我们会感觉越来越饿，直到饥饿感达到顶峰。

所以，一旦好奇心被引发，我们势必要行动起来，进行实践。在实践的过程中，我们可以获得什么呢？

二、获取信息：减少不确定性

当老师写出一个新单词，我们好奇，它是什么意思。当作业本上出现一个红叉，我们好奇，自己为什么错了。当好奇心被唤醒，我们就会试图做点儿什么，以满足自己的好奇心。

在由此引发的实践的过程中，我们并不期待得到外部的奖励，如老师的表扬、家长的赞赏、同学的崇拜，我们只想知道"发生了什么""这是什么""为什么会这样"。这3种情况看似不同，但本质是相同的，即我们想获取对应的信息，减少不确定性。

获取信息，并不是为了寻求获取后的快感，而是厌恶不拥有信息。相对于获得，缺失会对我们的动机产生更大的影响。这也是就算没有外部奖励，我们也要满足自己好奇心的原因。

当获取了信息，不仅满足了当下的好奇心，也知道了以后再遇到类似的情况该怎么办。例如，掌握了老师写的单词的意思，就能应对相关的题目。知道了正确的解法，就不会再次出错。

三、缓解情绪：消除烦躁感

初中的时候，物理老师每次讲课前都会在黑板右上角把课后作业写出来。有一天，老师刚写完开头——"课后作业："，就开始咳嗽。他一边咳嗽，一边走向水杯。喝完水后，老师就把作业的事情忘记了，开始正式讲课。

看着"课后作业："几个字，我就好奇：今天的作业到底是哪些呢？难道今天没作业？按照老师的习惯，这是不可能发生的事情。想到这里，我有点儿烦躁（见图3-1）。5分钟过后，他还是没想起布置作业的事情。10分钟过去了，20分钟过去了，他还是如此。我实在有点儿受不了，直接举手提出这个问题，老师这才完成了作业布置。

图 3-1　好奇心引发的烦躁感

看着老师给出的作业，我的心情竟然一下就好了。下课后，同桌说起这件事情，直夸我做得好。因为看着老师没有写完的内容，他也觉得有点儿不舒服，只是不敢举手。后来，我才发现，这也与好奇心有关。

当好奇心被激发出来，就会进入一种厌恶状态。例如，同学拿着一本书在我们眼前一晃，又不让我们看清楚是什么书，我们就会觉得有点儿烦躁。而当我们把书抢过来，看清楚是什么书后，好奇心得到了满足，烦躁感也就得到了缓解。

所以，有了好奇心，就要有行动，以满足好奇心。因为满足好奇心这件事被拖延的时间越长，我们感受到的烦躁越强烈，并且对结果的预期下降得越多。就像从同学手里抢书一样，花费的时间越多，越烦躁，并且越觉得自己抢不到书了。

第三节　预习阶段的实践

预习阶段一般是好奇心最强的阶段，在此阶段，大部分人花费了很多时间，却没有多少收获。那该如何进行有效的预习呢？

一、粮草先行：准备工具书

初中的时候，语文老师强制要求同学们提前预习。由于老师经常抽查，大家都很认真地做这件事情。有一天，老师抽查到我的同桌，问了3个问题他都没答上来，明显是没有预习。我心想，这不应该啊，同桌并不讨厌语文课，怎么会不预习呢？

课下，我就和同桌聊起这件事情。同桌说："文言文好没意思，我不想预习。遇到看不懂的词，查词典都找不到。""啊？查不到？"我一头雾水地问，"你没有买《古代汉语词典》吗？"同桌摇摇头。原来，同桌不愿意预习文言文的原因在此。

为了预习语文课文，我不仅买了《新华字典》《现代汉语词典》《古代汉语词典》《成语词典》，还"霸占"了父亲的《辞海》。遇到生字、生词，我就挨个儿查，总能找到答案。我从来都不担心自己找不到答案。这使得我对语文课文的预习充满了好奇心。

图 3-2　工具书是预习的后盾

我和同桌的差异，也非常符合心理学对好奇心的描述，即如果认为某个问题是可知的，我们就容易产生好奇心。我拥有足够多的资料，因此可以查到书中出现的每个生字和生词。这让我觉得，每个问题都是可知的。

所以，要想借助好奇心做好预习任务，建议做好以下准备。

1. 选择工具书

每个科目都有很多工具书。每本工具书包含的内容不同，适用的群体也不同。所以，我们要有选择性地购买，或者从图书馆借阅。通常，有以下3种方式选择工具书。

（1）需要准备各科目公认的经典工具书。例如，语文的经典工具书包括《新华字典》《现代汉语词典》，英语的经典工具书有《牛津高阶英汉双解词典》。这些工具书实用性强，可以使用很多年，直接购买更方便。

（2）可以向老师请教需要准备哪些工具书。老师往往会针对一个学期、一个学年的学习内容给出一些建议，可以购买老师推荐的这些工具书，也可以到图书馆借阅。

（3）可以请教高年级的优秀同学。同样作为学生，他们给出的建议可能更适合，如他们推荐的各种教材全解。如果他们自己的资料不再使用了，我们可以向他们借阅。

2. 学会使用工具书

很多同学拥有很多工具书，却总是用不好。有的同学把工具书当作课本，从前往后一页页地看，越看越心烦，最后把工具书扔到角落"吃灰"。有的同学买来工具书就直接放到一边，等到要用的时候，却发现不知道怎么找到自己想要的内容，看不懂各种符号和标记。正确的工具书使用方法包括以下几步。

（1）大致翻一下工具书，确认它包括哪几个部分。工具书通常主要包括4个部分，分别是目录、说明、正文、附录。其中，目录是我们使用最多的部分。通过目录，我们能快速找到内容所在的位置。

（2）了解各种符号、标记的意义。例如，《现代汉语词典》

的正文页眉包含3个部分，分别是当前页包含的页码、拼音范围和字。利用好这部分，就能提高查找的效率。

（3）动手尝试几次。掌握一种工具的最好方法就是动手尝试。随意从课本中选择几个字，然后到工具书中查找。查过几次，我们就确信自己能在工具书中找到答案。这样，在书中看到不懂的内容时，我们就会下意识地想到自己能在某本工具书中找到答案，从而激发自己的好奇心。

3. 把工具书放到手能触及的地方

为了保持桌面整洁，我们经常都把工具书放到书架上。有的书架可能就在书桌旁，起身就能够到。有的书架则可能在另外的屋子，需要走十几米才能拿到书。这两种放置方法都不利于我们使用工具书。当预习的时候，我们遇到不懂的地方，需要用到工具书，会怎么办呢？

如果好奇心非常强，我们会起身到书架上找到对应的工具书。如果好奇心比较弱，可能就直接放弃了。所以，预习哪个科目，就把对应的工具书放到桌子上。遇到需要查的内容，就可以马上查阅。预习结束后，再把工具书放回原来的位置，在桌子上给下一个科目的工具书留出空间。

古语有云："兵马未动，粮草先行。"在预习的时候，按照以上3步做好准备工作，就能让好奇心充分发挥作用。

二、抓住好奇心：课本标记预习法

小芳刚上五年级，班里换了新的语文老师。新来的王老师非常严格，他对同学们提出了很多新要求。例如，每个学生都必须提前预习。上课的时候，王老师要抽查。小芳心想：这怎么查，难道检查背课文？不管了，我还是按照往常的方式做——读课本。

第二天一上课，王老师就开始抽查预习情况。小芳刚好被抽到，被要求把课本交上去。王老师翻了翻小芳的课本，然后说："预习过，但预习不充分。"看着小芳迷惑的表情，王老师解释道："新课的这几页有折痕，说明你预习过了。但书上没有标记，说明你预习得不够细致。"

王老师回到讲台上，开始讲他的要求——预习要用课本标记预习法，即预习的时候，大家不仅要读课本，还要在课本上做标记。小芳试着做了一次，上课效率明显有所提升。以前只读课本不标记，她总是会漏掉一些生字或者生词。等老师在课上讲到时，她才发现这些陌生内容。这是好奇心的特征决定的。

当我们注意到某个东西，并发现它和我们的认知存在差距时，就会产生好奇心。当注意力转移，我们的好奇心也会跟着转移。这就导致我们对某个东西的好奇感非常短暂。在预习的时候，我们会经常遇到这个问题。

例如，预习《己亥杂诗》，当读到第一句"九州生气恃风雷"中的"九州"，我们会思考"九州"指哪9个州。还没有琢磨清楚，就顺着读到"生气"，又开始琢磨"生气"是不是指发脾气。"生气"的问题还没解决，又读到了"恃风雷"，"恃风雷"又是什么意思？

在短短的几秒内，我们的注意力发生了3次转移，这也引发了

3次好奇。但是，没有一次的好奇得到满足。即使这时候我们停下来，也大概率会将注意力聚焦在后面的"生气"和"恃风雷"，而忽略最开始的"九州"。这就是王老师说小芳"预习得不够细致"的原因。要解决这个问题，我们就需要使用课本标记预习法。使用这个方法，主要有以下3个要点。

1. 标什么

首先，要明确标注什么内容。从数量来说，在一行中可能被标注一两处，也可能标注四五处。从新旧知识来说，被标注的可能是我们没有学过的新知识，也可能是学过但记不清楚的旧知识。

对于不同科目，标注的目标不同。例如，在语文中，经常标注的有生字、生词、特殊的发音、作者等。在英语中，经常标注的有新单词、新短语、不规则的动词时态变化等。在数学中，经常标注的是各种术语、特殊的图形等。

2. 怎么标

在使用的工具方面，建议使用铅笔，以便擦除标注，因为很多时候，好奇心很快就被满足了。例如，阅读《己亥杂诗》后，发现诗的右侧有对"生气"的注释，它满足了我们对"生气"的好奇心。这时候，我们就可以将"生气"的标注擦掉。

在使用的符号方面，建议使用简单、明确的符号。例如，圆圈就比方框、五角星绘制起来更简单，可以节省时间。另外，圆圈比横线更明确，更容易确定标注的范围。总体来说，绘制符号既要快，又要明确，还要方便后期擦除。

3. 何时满足

当我们对一个东西产生了好奇心，并进行标注后，我们是停下来先满足好奇心，还是继续往下阅读呢？正确的做法是继续往下阅读，直到我们阅读完一个整体。因为阅读的内容不是孤立的，而是相互联系的，后面的内容往往能解释前面的内容，可以满足我们的好奇心。那如何区分哪些内容是一个整体呢？

以人教版小学教材为例，在语文中，一篇课文是一个整体，一首古诗和对应的注释是一个整体；在英语的一个单元中，每个部分（Unit）的第一课（Lesson 1）是一个整体，第二课（Lesson 2）是另外一个整体；在数学中，每个知识点下的每个主题是一个整体。

只要注意课本标记预习法的这三个要点，我们就能几乎不遗漏任何引发我们好奇心的内容，从而做好预习任务的第一步。

三、保留收获：预习笔记法

自从用了课本标记预习法，小芳再也没漏掉让自己好奇的地方。她通过查字典、词典等工具书，自主获得了很多知识，并把这些内容都抄写在书上，王老师在班里直夸小芳预习得好。但有一天，她又遇到了新的问题。

在预习课文《太阳》的时候，小芳标注出了太多好奇的地方：为什么传说中会有十个太阳？射太阳的人是谁？钢铁真的能变成气体？古代植物是怎么变成炭的？找到每个问题的答案后，小芳发现，课本的边边角角都用上，也写不下自己查到的知识。幸好，经验丰富的王老师给出了解决办法——预习笔记法。

预习笔记法，就是将在预习阶段的各种收获都记录下来，形成笔记。这个方法看似很简单，但却能解决三大问题。

1. 解决课本上空间不足的问题

课本上的空间非常有限。大部分时候，我们只能利用一下页边。如果我们非要写到行与行之间，就会把页面弄得很凌乱，这会让我们失去再读这页内容的欲望。如果将收获记录在一个笔记本上，课本上就有了足够的空间，可以尽情记录我们的所思所想。

2. 解决收获留存问题

很多同学对学习有足够的好奇心，却总是学不好。其中的一个原因是，满足好奇心后，他们很快就把相关的知识又忘记了。很多同学因为好奇心去查字典、词典以及其他工具书，学习了对应的知识，满足了好奇心。在这个过程中，虽然好奇心可以帮助我们加强记忆，但无法避免遗忘。这就需要我们定期巩固。

为了巩固知识，再走一遍查找流程，明显费时费力。如果在预习的时候，我们直接将这些知识整理到笔记本上，形成预习笔记，就能避免这个麻烦，提高学习效率。

3. 解决上课来不及做笔记的问题

上课的时候，我们不仅要听老师讲，理解每一句话，还要把重要的内容记到笔记本上。一旦老师讲解得快了，我们就忙不过来了。要是光注意听课，可能就没空做笔记。如果只顾着做笔记，又没空理解。有时候，把所有的时间都拿来记笔记，还是会有遗漏。这个问题也可以用预习笔记法解决。

其实，老师课上讲解的大部分内容都在预习的范围内。我们可以提前将这些内容记到笔记本上，这样，就可以把课上宝贵的时间节省出来，用来理解老师的讲解，或用来记录自己没有预习到的内容。

关于做好预习笔记，我还有以下建议。

（1）准备一个活页本作为预习笔记本。相比普通的装订好的本子，活页本可以任意插入活页。在预习的时候，如果我们没有给某个知识点留下足够的空间，写不下重要的笔记，可以通过添加活页的方式扩展空间。

（2）将各个知识点以及相关的内容都抄写到笔记本上。例如，将生字抄写下来，然后在上边加上拼音，在右边写上这个字如何拆分，每个部分发挥了什么作用，是决定了发音，还是决定了意义？

（3）在两个知识点之间留出足够的空间，方便上课时添加新的内容。在留空间时，尽量多留一些，不要害怕后期有大片的空白，因为在复习的时候，可以通过绘制结构图、流程图填充这些空白。

（4）对于大段的文字和复杂的图形，不需要手动抄写或者绘制。可以将其拍成照片，然后打印出来，贴到笔记本上。这样，不仅能节省大量的时间，还能保证原始信息的准确性。最后，将自己的理解写在旁边，形成对照。

四、延续好奇心：预习问题清单法

小芳拿着课本和笔记，找王老师答疑。"王老师，我有四个，嗯……"小芳重新看了一下课本上的问号，马上改口道，"五个问题。您能帮忙看一下吗？"王老师笑了笑，然后点点头。小芳问出的前两个问题，王老师都很快地给出解答。

小芳问到第三个问题时，王老师皱了一下眉头，然后拿起小芳的笔记，说："你看，这个问题我在课上讲过，你还做了笔记。"小芳一看，有点儿冒汗，这个问题还真讲过。王老师安慰道："没事，你接着说第四个问题。"

小芳顺着自己做的标记，找到第四个问号，却有点儿卡壳了。原来，小芳只是在疑问处打了一个大大的问号，没有写具体的原因。小芳越着急，越想不起来。王老师探头看了看小芳的课本，问道："你是不是找到了问题的位置，但想不起来自己想问什么了？"小芳红着脸，点了点头。王老师接着说："要想解决这类问题，你得再用一种预习方法——预习问题清单法。"

小芳听着王老师的讲解，觉得这个方法太好了。预习问题清单法，就是将预习中没有解决的问题单独列成一个表，用以解决预习中存在的3种问题。

1. 疑问引发的焦虑

在预习过程中，遇到问题，但自己没法解决，我们就会焦虑。这个时候，需要通过一些确定性的操作来安抚自己的情绪。例如，将遇到的问题写下来就是一种很好的方式。看着写在清单上的问题，我们想到，只要明天问老师，这些问题就能解决，我们的焦虑情绪就会消散。

2. 遗忘问题细节

在前一天晚上预习时遇到的问题，第二天上课才能得到解答，这个过程的间隔时间至少有9小时。尤其是睡了一觉之后，我们很容易遗忘当时的困惑是什么。如果我们不及时解决，这个困惑可能会给我们完成作业、参加考试带来一系列的麻烦。为了避免这种情况，我们一定要及时把无法解决的问题写下来，并描述清楚自己的困惑点。

3. 遗漏问题

在上课的过程中，我们的关注点不断在老师、黑板、课本、笔记本之间切换。如果我们的问题分布在课本和笔记本上的不同地方，我们就很容易遗漏问题，错过老师的讲解。为了避免遗漏产生，我们就需要将问题集中在一起，形成预习问题清单。

所以，预习问题清单法能一次性解决以上3个问题，并将预习阶段的好奇心延续到上课阶段。这能让我们对上课充满好奇，从而提高我们上课的积极性。

五、小心过度自信：习题自测法

小芳将王老师的预习方法用到语文上，效果非常好。她又尝试将其用到数学上，却总列不出预习问题清单。小芳开始琢磨原因，难道是自己数学学得太好了？不应该啊，自己的数学成绩总在中游徘徊。难道是王老师教的方法不适合数学吗？

小芳找到王老师，说明自己的疑惑。王老师拿起小芳的数学课本看了一会儿，然后问："课本上的知识点，你都理解了吗？"

小芳点了点头。王老师接着说："那你试着做一下课后的'练一练'。"小芳试着做了一下，马上发现了不对劲：第一道题目还能勉强做出来，到第二道题目就明显下不了笔。这也太奇怪了。

王老师笑着说出了原因。很多人都容易过度自信，高估自己的能力，认为自己已经理解了或者掌握了。课本上的知识，即使没有完全掌握，总体学习情况也不会太差。实际上，我们的掌握情况远不如自己的想象，这就导致我们忽略了很多本来能引发好奇心的问题。

要避免过度自信，我们需要验证一下自己是否真正理解了知识。所以，在预习完成之前，可以使用习题自测法。这个方法包括以下几步。

（1）选择课本上的习题，而不是参考资料上的习题。因为课本上的习题与知识点更贴近，没有太多延伸，方便我们进行验证。

（2）为了节省时间，不需要写出完整的解答过程，只需快速求解。

（3）对于解答不出来的题目，先判断其涉及的知识点，确认是否预习过。

（4）如果没有预习，那么有针对性地进行预习。如果预习过但仍然不会，则说明我们的理解存在问题。需要将问题加入预习问题清单，等到上课时再解决。

所以，在结束预习之前，一定要动手做几道题目，验证一下自己的预习效果，避免因为过度自信而遗漏或错误理解某些知识。

第四节　上课阶段的实践

上课是我们学习过程中最重要的阶段。大家经常说，课上浪费10分钟，课下弥补1小时。那我们如何借助好奇心来提高上课阶段的效率呢？

一、建立期待感：拿着问题清单听课

上课的时候，我们都是怎么听课的呢？第一种方式是思路紧跟着老师走。老师在黑板上写板书，我们在笔记本上记笔记；老师讲内容，我们就听讲解；老师拿起课本，我们跟着看课本。第二种方式是被老师"推"着走。老师敲着黑板，我们才抬头听讲；老师提醒"抓紧记下来"，我们才手忙脚乱地记笔记；老师提醒"现在看课本"，我们才低下头找课本。第一种方式明显比第二种方式好。

如果我们在预习时列出了问题清单，就能以一种更好的方式听课。上课前，打开问题清单，再次明确自己课上要解决哪些问题。当目标明确后，我们就需要在听课过程中不断寻找答案。这个时候，我们既不是跟着老师走，也不是被老师"推"着走，而是自己主动寻找答案。

我们不断在老师的话语中、板书中寻找答案。在这个过程中，我们主动控制自己听什么、看什么。为了实现主动控制，我们大脑中的海马体会处于活跃状态。海马体是大脑中的一个区域，专门负责形成长期记忆，所以这种主动控制有助于增强后期的记忆。

找到一个答案，不仅意味着我们解决了一个问题，还意味着满足了自己的好奇心。这种减少不确定性、满足好奇心的行为同样有助于记忆。50多年前，心理学家就在实验中发现了类似的现象。实验人员给志愿者看一些模糊的图片。如果志愿者因为图片的模糊产生了好奇心，当再次看到对应的清晰图片，就会出现记忆加强的表现。

随着技术发展，40年后，科学家重新做这个实验，仍然是让志愿者看模糊和清晰的图片。在实验过程中，实验人员扫描志愿者的大脑。他们发现，志愿者的好奇心被满足的时候，海马体的活跃度明显增加，这意味着志愿者的记忆能力提升。

这种记忆能力的短时提升不仅有助于我们记住与好奇心相关的内容，还有助于我们记忆其他信息。

所以，拿着问题清单听课，不仅能让我们听课时重点明确，还能让我们的记忆能力明显提升，使我们的听课效率得到提高。每当我们解决一个问题，就在对应的问题后面打一个钩。当老师上完课后，如果我们还有问题没有解决，就可以马上向老师提问，寻求解答。

二、消灭走神：验证预习笔记

即使有了问题清单，很多同学上课还是会走神，如小芳的同桌小芸。小芸已经是第二次因为上课走神被老师警告了。如果再被警告一次，她就要被请家长了。"小芳，我怎么这么倒霉呢？"小芸郁闷地发着牢骚，"我该怎么办呢？"小芳合上笔记本，回答道："上课的时候，你少瞎想。"

小芸趴在桌子上，回道："我也不想啊。可是，我总是控制不住。对了，你是怎么控制的？"小芳皱着眉头，然后说："我没空瞎想，上课时都在忙着订正我的笔记。"小芳拿出自己的笔记，开始解释。小芸这才明白小芳上课专注的方法——验证预习笔记。

1. 预习笔记的内容

预习笔记是课前预习时做的，里面记录了我们对上课内容的各种理解和猜测。例如，语文预习笔记中有生字和生词的各种解释、作者介绍、文章的背景信息；英语预习笔记有新单词的释义和发音、短语的组合方式、语法知识点；数学预习笔记有公式的构成和推导、术语的解释、解题的思路。

2. 预习笔记引发的好奇心

看着预习笔记的内容，我们会遇到大量算不上问题的"问题"。例如，"辟"字是多音字。其中，当发bì的音时，它有帝王召见并授予官职的意思。那么，"征辟"中的"辟"就应该发这个音。单词drama可以翻译成戏剧、话剧、戏剧性事件等，但这几种译法的含义是不一样的。

对于这些"问题"，我们都有自己的理解，并且有一定的依据。但是，这些"问题"毕竟没有经过老师的确认，我们多少会有点儿疑虑，万一我们错了呢？

另外，我们预习的内容在不在老师的讲课范围之内？如果不在，那就意味着这些内容通常不在考试范围之内，就不需要额外复习。同时，我们找到的内容是否完整，有没有遗漏的内容呢？

这种"问题"会遍布整个笔记，数量可能多达十几个，甚至几十个，远超我们预习时列出的问题。并且，我们做的预习笔记越详细，这类"问题"越多。这些"问题"都会转化为我们的好奇心，驱动我们去认真听课。

3. 满足自己的好奇心

在听课的过程中，我们要根据老师的讲解，依次确认这些"问题"，满足我们的好奇心。这时候，我们会仔细对比老师讲解的内容和预习笔记。如果两者一致，就在对应的内容前面打一个钩，进行标记。如果老师讲的内容不在预习笔记内，就添加新的笔记，并在对应的内容前面标一个加号。

如果老师讲的内容和预习笔记内容冲突，我们就会更好奇了，谁的内容对呢？如果老师讲的内容明显是对的，就在自己的内容前面标一个叉号，然后写上老师讲解的内容，并标上加号。如果我们还是对内容有疑虑，那就留待课后解决。

4. 引发新的好奇心

在听课的过程中，我们在不断满足自己好奇心的同时还会产生新的好奇心。例如，为什么我们没有预习到老师讲解的内容？为什么我们的理解是错的？我们认为某个内容很重要，但老师为什么没讲解呢？

一旦遇到这些问题，我们就在对应的内容前面标一个问号。当老师讲解完或者在课下，我们再向老师请教，依次解决这些问题。

小芳就是利用预习笔记辅助听课。预习笔记不断地引发小芳的好奇心，驱动她在课堂上认真听老师的每句话，从中寻找答案。

三、解决剩余问题：说出自己的疑惑

以前，小芳总好奇，自己的好朋友小兰怎么有那么多的问题问老师。她每次都要等小兰好久，二人才能结伴一起回家。自从开始做预习笔记后，小芳发现，自己也有很多问题要问老师。以前没问题，原来是因为她没预习。上课的时候，老师讲解得很快，自己根本没时间思考，只能一股脑地先记下来。现在有了预习环节，她会带着一堆问题听课。虽然老师在课上解决了大部分问题，但还是会遗留一些。另外，老师的讲课内容也会带来一些新的问题。面对这些问题，小芳尝试过自己解决，也尝试过向同学求助，结果都不太理想。这时候，小兰提醒她，可以向老师求助。可是，小芳却犹豫了，因为她对向老师提问这件事顾虑重重。例如，自己提出问题，一旦暴露了短板，老师和同学会不会看不起自己？自己提出这么多的问题，会不会占用老师太多时间？万一自己是因为上课走神而没听懂，那提出问题多不好意思？要是老师讲解完，自己还是不理解，那自己怎么下台呢？

作为爱问问题的同学，小兰三言两语就帮小芳打消了顾虑。

（1）只有暴露自己的短板，老师才有可能针对性地为你解答。如果老师在其他同学身上也发现相同的短板，就会在讲课的时候专门进行强化。这样，我们的短板就能快速消除。等到同学知道我们的短板时，我们的短板已经不存在了，也就不会有看不起一说。

（2）对于我们来说，很多问题非常复杂，自己琢磨需要花费大量的时间。但是，对于老师而言，这些问题可能非常简单，只需要一两分钟就能解答。如果实在担心老师没时间，我们可以将问题写成清单提交给老师，由老师安排具体的时间给我们解答。

（3）对于大部分人来说，走神是无法完全避免的。老师也清楚，自己的学生经常会走神。如果我们因为走神而没听懂，只要事后努力去补救了，老师也会原谅我们。

（4）老师讲解完了，我们还听不懂也是有可能的。理解一个知识点需要一定的时间，所以听不懂也不要着急。这个时候，可以先将老师讲解的内容记下来，然后慢慢理解。自己的确理解不了的，再去请教老师。

看着小芳终于有了勇气，小兰又分享了一些提问技巧。

（1）提问时，要选择正确的时间。首先，最佳时间是老师讲解完内容，但还没有下课时。这时老师会主动询问大家是否有问题，有了问题一定要问。其次，要利用好自习课时间。如果当天有对应科目的自习课，可以把问题放到自习课上提，这样我们就有时间将问题整理出来。最后，要用好老师预留的其他答疑时间。如果要在其他时间提问，就需要先询问老师届时是否有时间解答问题。

（2）提问前，要准备好问题清单。当问题比较多时，最好整理出一份问题清单。在提问的时候，我们把问题清单交给老师，很多老师会根据问题之间的关系和问题的难度，选择一个更好的顺序进行解答，方便我们理解。

（3）问题要具体明确，而不要泛化。例如，"这个公式如何应用""这道题目如何解答""这篇文章如何理解"就是泛化的问题，老师无法从中判断我们的症结在哪里。"这道题目的第三步为什么要这样做""这篇文章的第四段和上下文是什么关系""这个公式能应用到求解某某问题上吗"就是具体明确的问题，根据这些问题，老师很容易找到我们出问题的根源，帮我们弥补漏洞。

（4）提问时，还要说出自己是如何想的。老师讲课结束后，我们仍然没有理解，意味着我们的思考方式存在问题。当我们说出自己的思路后，老师就能发现其中的问题，帮助我们解决。这样，就能避免出现同样的错误理解问题。

在小兰的帮助下，小芳很快学会了如何向老师提问，顺利解决了各种课上遗留问题。

第五节　复习阶段的实践

很多人都不愿意复习，因为复习时面对的内容没有任何新鲜感，更谈不上有好奇心了。这个时候，我们需要一点技巧来挖掘出新的好奇心，驱动自己认真复习。

一、复习的正确顺序：从笔记开始

又是一节自习课。写完作业，你开始每天的复习。拿出课本，你翻看着老师今天讲的内容。课本看着真无趣，你就扭头看向同桌。同桌刚好也在复习，只是他在看笔记。你好奇地问："你看完课本了？"他回答："还没看。""啊！"你好心提醒道，"老师说，复习要以课本为主。"

他笑着说："老师的意思是，复习的内容以课本为主，但没说复习以看课本为主。"这回答一下子把你搞蒙了。同桌反问一句："你看课本，难道不觉得烦？"你不得不点头承认。"那不就得了。"同桌说完，继续看自己的笔记了（见图3-3）。

图3-3 看笔记也是复习

你琢磨了一下，恍然大悟——同桌说得对啊。看课本是复习，看笔记也是复习。反正，笔记包含了课本上的内容。你也学着同桌，拿起笔记进行复习。十几分钟，你就把笔记看了一遍。完成笔记复习之后，你把前后两种复习方式做了一个对比。你发现，用笔记复习明显比用课本复习更有趣。

使用课本复习，你可能会感觉枯燥、无聊。毕竟，在预习的时候，你就看了好几遍课本；在上课的时候，你又看了好几遍课本；到了下午复习的时候，你还是在看课本。面对形式上非常熟悉的内容，你没有好奇，只感到无聊。

使用笔记复习则是另外一种感觉。上课的时候，时间紧，需要记的内容多。很多时候，你光顾着记笔记，根本没时间思考。当复习的时候，你看着这些内容还感觉挺新鲜的：这个步骤是怎么推导的？那句话是什么意思？在一页笔记中，你总能找到一两处引发自己好奇心的地方。遇到实在看不懂的地方，你再去翻课本，也是带着好奇心去找答案的。

这种习惯看似是"喜新厌旧"，但却是人的一种本能——我们接触一个事物时间长了，就很难被它引发好奇心。即使间隔一段时间，我们的好奇心再次被激发，也不会像以前那样强烈。

所以，复习应该从笔记开始，尤其是我们对课本非常熟悉后。只有这样，我们才能充分利用笔记引发的好奇心积极复习，从而提高学习效率。

二、笔记复习：三点复习法

复习的时候，面对课本、笔记、习题册，很多人都感到无从下手。我们需要看的东西太多了，尤其是翻开自己的笔记，我们看着密密麻麻的文字、乱七八糟的线条、歪歪扭扭的图示，自己仅存的好奇心一下就被浇灭了。

这个时候，我们要让自己复习的目标更明确和突出。当目标变得明确，我们就知道，自己需要重点掌握哪几个公式、定理或者单词。当目标变得突出，我们的注意力会聚焦在正确的目标上。只要做到这两点，我们就能充分发挥好奇心的功效，提升复习的效果。

这个时候，我们就需要使用"三点复习法"，即复习重点、难点和考点。在上课的时候，老师都会对各个知识点进行强调。例如，这个知识点是重点，后续的几个单元都要用到它；那个知识点是难点，在生活中很少体现，不容易理解；这个知识点是考点，很多考试中都会出现。

当遇到这些知识点，我们就在课本、笔记、习题册上做好标记，方便复习时进行巩固。操作方法如下。

（1）确定知识点的分类。首先，我们要注意听老师课上的提示。如果老师没有提到，或者自己错过了，我们可以在课下询问老师或者同学。其次，我们要将做错过的习题标记为难点，因为做错过的题很容再做错。最后，我们可以利用往年的真题试卷，圈出过往的考点。

（2）选择合适的标记位置。在标记的时候，标记符号和原有内容应保持一定的距离，避免两者混在一起。同时，我们应该选择在书本靠外侧的空白处做标记，不要选择靠近书脊的地方。这样，我们不用完全展开书本，就能一眼看到标记。

（3）用固定的标记符号表示同一类的内容，不要一会儿用这种符号，一会儿用那种符号。如果你没有自己固定的标记习惯，笔者建议用"圈字"的方法。首先，我们在空白处画一个圆圈，然后在里面写一个提示字。例如，对于重点，我们写"重"；对于难点，我们就写"难"；对于考点，我们就写"考"。这样的标记清晰直观。

复习的时候，只要顺着书本边缘寻找标记符号，就能让复习目标足够清晰。当遇到有标记符号的内容，我们一看到"考"字，精神就提起来了，因为这是考试常考的。如果弄不明白这个知识点，可以往前看或往后看，看与知识点相关的内容是如何讲解的。如果看明白了，就跳过没有标记的相关知识点。

三、回顾错误：我为什么错了

课本、笔记看的次数太多了，我们就有了一种感觉：这些内容都掌握了。这个时候再拿起它们，就很难产生好奇心了。这该怎么办呢？我们可以回顾一下自己在学习中犯过的各种错误。这些错误不仅包括做题时出现的错误，还包括回答老师问题时出现的错误、与同学争论时出现的错误。

1. 激发好奇心

当我们出错了，就会好奇为什么会这样。例如，写作业的时候，我们会好奇，为什么这样做是错的？回答老师问题的时候，我们会好奇，为什么这样的回答不对？与同学争论的时候，我们会好奇，为什么我说的是错的？

虽然犯过错误后，我们知道了正确答案，但等到复习的时候，再次问自己为什么当时会错，我们还是会重新产生好奇心。这有助于我们发现自己的根源性问题——学习缺陷。

2. 发现遗漏的知识点

通常，在学习中，我们喜欢正确，不喜欢错误，因为正确可以让我们得分，错误却让我们丢分。但正确只能告诉我们已经掌握了什么，却无法告诉我们遗漏了什么。很多时候，我们复习多遍，也无法发现这些遗漏。

打个比方，我们大部分人都是右利手，习惯用右手做各种精细工作。所以，我们的右手往往比左手更有力量，也更灵巧。正常情况下，我们很难发现自己左手的无力和笨拙。直到某一天，右手受伤，我们才发现左手不太灵巧。

错误能暴露我们存在的各种问题。例如，在数学中，我们经常忘记给单位加括号，而导致错误。这是因为我们没有理解等号和括号的作用。例如，在等号的两边，如果左边是数，右边是名数，就会导致等号两边不一致。这个时候，就必须通过加括号将名数转化为数。其中，括号是用来补充说明的。

3. 提高元认知

我们认为，自己花半个小时能记住一首唐诗，结果却花了两个小时。我们认为，经过这次复习，自己可以考95分，结果却只考了83分。我们认为，自己理解了老师课上讲解的内容，结果却做不出课后习题。这些预期错误都是因为我们的元认知能力不够。"元认知"，是我们对自己认知能力的评估。

很多时候，我们都会高估自己的能力，从而导致各种错误判断。为了纠偏，我们需要通过自己犯下的各种错误来观察自己，重新认识自己。例如，我们没有在半个小时之内背会古诗，就需要重新对自己的记忆能力进行评估。下次背诵的时候，我们就会留出更长的时间。

当我们不断地提升自己的元认知能力，就能建立更准确的预期，知道自己在哪些知识点的理解上容易出问题，对哪些知识点需要再次复习巩固。这样，我们的复习效率就可以得到更大的提升。

第六节　做作业阶段的实践

做作业是最常用的实践方式之一。在这个阶段，我们一遍遍地应用已经掌握的知识。在大量重复下，原有的好奇心往往会消失殆尽。这个时候，就需要重新激发好奇心。

一、巧妙应对大批量作业：分批间隔完成

小学时，有一次学校放4天假。语文老师发了4页作业。我看都没看就直接将其塞进了书包。当时，我心中盘算着：每天完成1页，4天刚好完成4页。前3天，我按照计划完成了前3页。到了第4天晚上，我翻到最后1页，彻底傻眼了：这页只有1道题，题目是"抄写课本生字5遍"。天哪！课本上的生字有300多个，抄写5遍，这得抄多长时间啊！开始的时候，我还想着两个半小时能不能完成。抄到1/3时，我已经在咬牙切齿地坚持了；抄到2/3时，我已经肩酸背痛，手腕已经彻底麻木了（见图3-4）。

图 3-4　难以快速搞定的批量作业

大家肯定都遇到过类似的批量作业。例如，语文可能有抄写生字5遍的作业，英语可能有抄写单词6遍的作业，数学可能有20道计算题的作业。虽然这些作业涉及的科目不同，但有一个共同点——量大。

这类作业的本意是巩固学习效果。为了记住生字、生词，我们需要重复。为了掌握基础计算能力，我们还是需要重复。但是简单的重复会让我们厌烦，失去好奇心，进而进入被动的学习状态。那时，虽然我们仍然在学习，但效率非常低，甚至会进入"垃圾时间"①。

① 这里的"垃圾时间"与"黄金时间"相反，在这段时间里，学习或工作效率相对低下，甚至完全无法进入工作或学习状态。——编者注

要解决这个问题，重新激发好奇心，我们就需要使用以下技巧完成作业。

1. 整理作业

我们需要提前了解作业，整理出那些大批量的重复的作业有哪些。例如，语文的生字和生词抄写、听写，课文背诵，英语的单词抄写和背诵，数学的各类基础计算题等。

整理出来后，我们需要估计完成这些作业所需要的时间，然后，我们就知道如何安排作业了。

2. 分散安排作业

根据作业类型，将作业分散安排到不同的时间段完成。在保持题目完整性的情况下，分散得越均匀越好。

- 寒暑假作业尽量平均安排到每周，甚至每天。

- 几天的假期作业应该平均安排到每天，例如，我遇到的抄写5遍生字作业，本来应该是每天抄写一些，而不是集中在最后一天完成。

- 当天作业可以分解为两部分。例如，抄写生字5遍的作业可以分为抄写3遍和抄写2遍。我们可以在学校完成一部分，在家完成另外一部分。

3. 使用不同方式完成作业

拆分后的作业如果还是有大量重复，我们可以采用不同的方式完成。例如，面对抄写生字3遍的作业，在抄写第一遍的时候，可以念出读音；在抄写第二遍的时候，可以念出偏旁部首；在抄写第三遍的时候，可以用它组一个词语。这样，每次抄写的侧重点都有所不同，我们就不会觉得枯燥。

所以，面对大批量作业，不要硬着头皮完成，而应该将其拆分，分散安排在不同的时间段，采用不同的方式完成。这样，既能达到学习的目标，又能保持自己的好奇心，还能提高学习效率。

二、消除"刷"题的枯燥：一题多解

翻开习题册一看，怎么又是这些题目？课本上的题目是分饼子，习题册上的题目是分苹果；课本上是兔子和山羊赛跑，习题册上是小明和小天跑步……题目太像了，一眼就能看出来解题思路，这样的题目太无聊了。

我们经常遭遇这种问题，尤其"刷"题比较多的时候。因为题目没新意，我们可能会消极对待作业。本来十几分钟能完成的作业，却花了一个小时，这导致宝贵的时间被白白浪费了。要解决这种问题，可以尝试一题多解。

一题多解就是使用多种方法求解一道题目。例如，题目要求计算79×65。我们可以按照常规的方式，列竖式进行计算，也可以先将79转化为80减去1，再进行计算，即$79 \times 65 = (80-1) \times 65$。第二种方法虽然多了两步，却降低了计算的难度。

如果总是使用一种方法解题，会对解题过程非常熟悉，从而感觉枯燥。这个时候，换一种解题方法，解题过程会跟着发生变化。这种新颖性会重新激发我们的好奇心。

同时，一题多解还有其他重要作用。第一，它可以帮助我们从多种角度理解知识点。例如，常规计算79×65让我们看到的是79的倍增，而(80-1)×65则利用了79和80之间的差距。第二，它可以加强记忆。不同方法包含不同的信息。这些信息有助于我们唤醒对解题方法的记忆，哪怕其中一个方法想不起来，对另一种方法的信息记忆也能让我们成功解题。

　　例如，甲、乙两个人分别从A地和B地出发，相向而行，同时一条狗在两个人之间不断地奔跑。最后，题目要求计算狗奔跑的总距离。按照普通的相遇问题，我们会从人和狗每次相遇的角度进行思考，分别计算每次相遇前狗奔跑的距离，最后进行累加。但是，我们还可以从"路程=速度×时间"这一公式的角度进行思考，先求出甲和乙相遇的时间，然后计算该时间内狗奔跑的距离，从而快速得到答案。

第七节 考试阶段的实践

对于考试，我们每个人都很好奇自己能取得什么样的成绩，但总会遭遇一些特殊情况，导致考试进行得并不顺利。所以，在考试阶段，我们需要使用一些应对策略。

一、做个心理按摩：考试紧张没那么可怕

我的高中同学小周平时学习非常好，但成绩总是像坐过山车，忽高忽低。每次考前半个月，他就开始担心，万一在考场上太紧张，自己该怎么办？如果能正常发挥，他能考进年级前10名；但如果太紧张，他可能掉到年级200名开外。他越想越担心，越担心越想。这导致他每天都睡不好觉，成天顶着两个黑眼圈。结果，一场突如其来的竞赛考试改变了小周的这种状况。

高二下学期，学校的物理竞赛队去市里参加考试。临出发前，一个队员突然生病无法赴考，小周被临时拉上车。等到他弄明白自己是要参加一场考试时，他已经坐在考场上了。还来不及像往常一

样对考试紧张，试卷就发下来了。结果，小周拿了银奖。从此，小周想明白一件事情：考试紧张没那么可怕。

图3-5　时间紧迫到来不及紧张

　　考试紧张导致发挥不好，是很多同学担心的问题。因为我们总觉得，一旦考试紧张，平时会做的题目，考试时也做不出来了；平时记得的东西，考试时也想不起来了。只要一紧张，我们就会像陷入泥潭一样，无法自拔。虽然我们这么担心，但回想一下，自己遭遇的考试紧张而影响成绩的经历有多少次呢？

　　实际上，大部分人很少会因为考试紧张影响成绩。之所以总担心考试紧张，是因为我们预测不准确。我们习惯对即将发生的事情进行预测，判断这件事情会如何影响我们。例如，答不上老师的问题，我会有多尴尬？考试考砸了，别人会怎么看我？

虽然每天都在预测，但我们总是做不好。心理学家发现，在预测的过程中，我们总是忽略以下两个因素，导致高估自己情绪的强度和持续时间。

1. 关注点的变化

考试前，很多人总会担心，万一自己紧张该怎么办。但是，一旦进入考场，面对需要马上应对的具体情况，我们的关注点也会随之发生变化。比如，拿到试卷后，我们会忙着写班级、姓名和学号等个人信息。填写完个人信息，我们又开始检查试卷，然后作答。整个过程中，我们的关注点在不断变化，根本没空想自己是不是紧张。

2. 找到紧张的真正原因

我们考试紧张的主要原因是担心无法取得好成绩。当开始考试的时候，我们每完成一道题目，就觉得自己能拿到对应的分数，离自己的目标越来越近，也就不再担心了。如果完成题目的分数已经达到预期目标，即使有一两道题目做不出来，我们也不会着急。

考试结束后，即使没有达到预期的目标，我们也知道是哪些题目没做出来导致的。我们可以分析这些题目与课本中或者作业中的哪些题目类似，它们涉及哪些知识点，自己是否复习过这些知识点。当我们把没达到目标的最终原因找到了，在下一次考试时就会减少一些紧张感。

所以，考试紧张没有想象的可怕。大部分时候，我们都在高估它对我们的影响。即使真的遭遇了考试紧张，也可以基于下面两个方法来应对。

首先，转移自己的注意力。拿到试卷，先检查试卷的完整性，看有没有缺页、印刷不清楚的情况，以及背面是否也有题目，等等。然后，填写自己的各种信息。完成这些流程性的工作后，开始作答。

其次，遇到不会做的题目，要思考做不出来的原因。比如，我们是不是没见过这样的题型，或者我们是否忘记了这类题目的解题方法，再或者我们是否遗忘了关键步骤的知识点。一旦确定原因，我们就可以采取不同的解决方法。

二、发现潜在错误：小心思维定式

大家有没有遇到过这样的情况？答完试卷后，你反复检查很多遍，都没有发现问题。等到站起来要交卷时，你随意瞟了一眼，却发现了一个明显的错误。我经常遇到这种情况，尤其是检查作文的时候。

每次考试，我一遍遍地检查作文，试图找出错别字、用错的标点符号。这时候，所有的错误都"躲"了起来，我怎么找都找不到。等到交卷时，它们又纷纷"跳"了出来，招着手，唯恐我看不到它们，害得我手忙脚乱。很久之后，我才明白，我陷入了一种思维定式。

1. 什么是思维定式

网络上有一种很流行的说法："汉字的排序列顺并不一定影响阅读。"当看到这个观点的时候，我们也能看到对应的例子，因为以上描述这个观点的那句话就有一两处字词颠倒。类似地，还可以提出另外一种说法："句子中的错别字并不一定影响阅读。"这是为什么呢？

在阅读一段文字的时候，我们不仅在分辨由笔画构成的字，同时在将字组合成特定的词，而且还在理解由词语组成的句子的意思。这3个动作同时进行，互相影响。例如，我们看到"太阳升起的时"，就会猜测后面的字应该是"候"。这时候，即使我们看到的是"侯"，也可能忽略其少的一竖，下意识地将其当成"候"，这就导致我们对错别字视而不见。

这就是思维定式。我们的大脑喜欢按照固定的模式工作。当阅读的时候，大脑往往将工作重点放在理解语义上，而忽略基础的字词问题。这种思维定式非常普遍。例如，我是右利手，就喜欢用右手接东西，哪怕对方在我的左前方。

2. 思维定式如何影响试卷检查

思维定式是大脑的一种自动化的行为，我们很难控制。就像我们骑自行车从一个坡顶下来，哪怕我们不蹬车，自行车也会自动往前。即使我们暂时捏刹车，也只能是一时控制。一旦松开刹车，自行车又会加速往前。我无法发现作文中的问题也是同样的道理。

刚开始检查的时候，我反复提醒自己，要检查错别字和标点符号。但是，我一旦开始阅读，大脑就会自动将重点提升到语义理解层面，只关注文字的表达效果而忽视了错别字和标点符号。当检查过几遍，大脑会再次提升理解层面：这句话读过，那句话读过。这时候，大脑会"放松警惕"，甚至不考虑语句之间的逻辑关系。

3. 如何避免思维定式

避免思维定式有两种方法。第一种方法是增加"减速带"。例如，检查作文的时候，我们可以用指读法，用食指指着字，从左向右慢慢地移动。这时候，眼睛跟着手指走，从而降低阅读速度。为了避免眼睛总是提前看右边的文字，可以用中指和无名指遮挡右边的字。

第二种方法就是换一种思维方式。例如，要检查标点符号的正确性，就直接找到标点符号，然后检查它与前后句子是否搭配。例如，找到一个句号，先检查前面句子的主谓宾是否完整，再检查后面句子的主谓宾是否完整。

对于其他科目，也可以采用类似的方法。例如，检查数学中的计算题，我们也可以用手指指着计算过程，降低检查的速度，避免产生遗漏。另外，我们可以换一种解法，比较两种解法的结果是否一致。

第八节　战胜拖延症

好奇心驱使我们行动，但行动又被自身或周边环境所限制。这导致，我们做事经常只有开头，没有结尾，有时甚至连开头都没有。我们常把这种情况归咎为拖延症。我们该如何战胜拖延症呢？

一、消除干扰因素：从桌面清理开始

在学校的时候，我们写作业很容易来劲：这道题目比较简单，我应该能3分钟搞定；那道题目没见过，我得尝试一下。但是回到家里，我们很难找到这种感觉。在家写作业的大部分时候，我们经常觉得，这道题目没意思，那道题目没劲。坐在书桌前，要么是盯着桌上的相框发呆，要么就是摸摸这里、摸摸那里。结果一个小时过去了，我们还没有完成一道题目。面对同一份作业，我们怎么会有两种截然不同的反应呢？

问题根源在于分心。面对作业时会产生这样那样的好奇心，这些好奇心将我们的注意力聚焦在作业上。但是在解题中，我们总会看到周边的其他东西，听到别人谈话，想到某件事情。这些无意间看到的、听到的、想到的事情都会干扰我们，让我们分心。

分心会让我们不容易专注于那些重要的东西。同时，很多时候分心是我们主观无法控制的。例如，当一只蚊子在我们耳边发出"嗡嗡嗡"的声音时，我们很难将注意力集中在书上，哪怕手里拿的是自己最喜欢的漫画书或故事书。

相比学校，家里的环境更容易让我们分心。例如，通常家里父母说话更大声，而不会像同学在教室里学习时那样轻声细语；家里总会有很多好吃的、好玩的、好看的，而教室里几乎没有这些；我们在家里更容易胡思乱想，而不像在学校那样专注于学习。所以，要想将注意力集中在做作业上，我们就需要消除各种干扰因素。

1. 拿走与学习无关的东西

在学校，我们的课桌放上课本和习题册，基本就没有多少空间了。在家里，我们往往拥有更大的桌子，上面还能摆一个两三层的书架。我们可以按照自己的喜好摆放各种东西，如我们出游的照片、智慧屏、手办、水果等。

看着自己布置的桌子，我们就觉得开心，但是这样的布置却在时时刻刻抢夺我们的注意力，让我们频繁分心。例如，一抬头看到心爱的手办，就想起对应的动画片；头稍微一歪，又看到智慧屏上显示的室外温度，开始琢磨明天的体育课是不是又要泡汤；好不容易低下头，又闻到水果的清香，肚子似乎有点儿饿了。

在这些东西的干扰下，很难专注于作业。所以，我们需要做一些整理工作。首先，要将与学习无关的东西都拿走，保证视线范围内不出现这些东西。其次，要像在学校那样摆放东西。最后，如果家里空间允许，可以买一张和学校一样的课桌，专门用于学习。

2. 收起与本科目作业无关的资料

由于家里的桌子大，我们习惯把书包中的东西都倒出来，堆在桌子上。这样做有一个好处，需要什么，就可以第一时间找到，不用再从书包中翻找。但这样做也有一个坏处，就是会不断地让我们分心。例如，在完成语文作业的时候，瞟见了数学习题册。于是，不自觉地想：这次的数学作业有3页多，我9点前能不能完成呢？我要不要停止做语文作业，先写数学作业呢？毕竟，数学作业上午就交，语文作业可以下午交。我们这样一想，就分心了，原本集中在语文作业上的注意力就荡然无存了。

所以，我们写哪个科目的作业，桌子上就摆放哪个科目的课本、习题册和本科目的相关资料。其他科目的资料不要出现在桌子上。做完一个科目的作业，我们就站起来整理一下，将其收起来，再拿出新的科目的作业和资料。这样，我们不仅可以减少分心，还可以简单活动一下，放松一下大脑。

3. 记下突然想起的小事项

引发分心的干扰不仅来自外部，也来自我们大脑内部。例如，写语文作业的时候突然想起来老师推荐阅读某本书，刚好家里没有这本书。这时常见的做法有以下两种。

第一种是，马上找父母，让他们帮忙买一本。即使整个沟通过程非常顺畅，也需要3~5分钟。随着注意力来回转移，沟通完后我们对当前题目的好奇心已经消耗殆尽了。

第二种是，先完成手头的作业，然后再和父母说。我们看似没有做出任何动作，保持了专注，但"完成作业后和父母说"这个念头却不断地在脑海中冒出来，让我们很难安定下来。如果我们以前因为遗忘某件老师交待的事项而被训导过，我们甚至会因此感到心烦意乱。

所以，这两种做法都不能让我们保持专注。正确的做法是——记下来。我们可以准备一些便利贴，如果我们想到某件事情，就将它写到纸上，然后把便利贴倒扣在桌子上。只要我们做了具体的记录行动，我们就会安心。当手头的作业完成后，我们再将便利贴反过来进行处理。处理完一页，就撕掉一页。

二、维护待办列表：保持目标明确

有的时候，我们回到家里，把书包扔到沙发上，就什么都不想做了。虽然我们知道，今天的作业有很多，再过几天就要考试了，但是我们还是不愿意坐到桌前学习。我们坐得无聊，就翻翻课外书，玩一会儿手机。等到我们终于要有所行动时，又要吃晚饭了。晚饭后，我们又重复这个过程。直到睡觉前，我们什么都没有做。

每个人都有过这种状态——无聊但又不想做任何事情。导致这种状态的原因是我们缺乏足够的动力，即虽然知道自己有很多作业要做，并且需要完成很多其他的学习任务，但这些任务只是以一种模糊、短暂的形式存在于大脑中。

模糊的目标不具有足够清晰的信息，无法形成信息差距，难以引发好奇心。即使偶尔有个目标比较明确，它也会因为只停留在大脑中，被其他信息掩盖，无法持续刺激我们保持好奇心。所以，我们需要将目标具体化、持久化。这时，需要一份待办列表。首先，我们需要准备一张长条纸。然后，我们整理要完成的任务并写在纸上，形成待办列表。有效的待办列表需要具备以下特点。

1. 任务有细节

待办列表包含我们今天需要完成的所有学习任务，如要完成的作业、复习的功课、预习的功课，每个学习任务都要有足够的细节。例如，老师布置了英语作业，要求我们抄写单词3遍。将英语作业添加到待办列表时，我们不仅要写上"抄写单词3遍"，还要写上具体的单元、单词数量。

当列表项有了足够的细节，就能引发我们的好奇心。例如，这个单元讲了哪些内容，这几个单词分别是哪些。如果没有这些细节，看着简单的"抄写单词3遍"，我们可能会觉得无聊，因为这与往常的任务太相似了。

2. 任务有完成时间

很多学习任务非常简单，如抄写单词、朗读课文。我们经常做这类任务，总能百分百完成，因此这类任务也很难引发我们的好奇心。此时，我们可以为任务添加一个完成时间。例如，我们要在15分钟内完成抄写单词3遍的任务。一旦设定时间，我们就会考虑是否能够按时完成任务。如果任务可以顺利完成，下次我们可以设置一个更短的时间，以引发不确定性，激发自己的好奇心。

3. 任务有更新

每完成一项任务，我们就需要更新一下待办列表。可以在每一个列表项后面打一个钩，也可以用笔将该项划掉。有更新过程，我们就能看到任务完成的进度。这也会增强我们的信心。

所以，当我们不想行动的时候，先整理一份待办列表，看着待办列表，我们可能就会觉得某个任务似乎有点儿意思，先从这个任务开始吧。

三、杜绝中途松懈：常用番茄钟

小时候，每天晚上7点30分吃完饭，我就开始写作业。父母会嘱咐，早点儿写完，早点儿睡觉，我都欣然答应，开始抓紧写。这时候，我的效率非常高，几分钟就能搞定一道应用题。写着写着，我的速度就慢下来了。我一会儿站起来喝个水，一会儿翻翻课外书，总觉得时间多得是。

直到妈妈提醒我道："马上就10点了。到了10点30分，你就得收拾一下，准备睡觉了。"啊，这就要到10点了？我一翻，还有这么多的作业要完成。我一边在心里埋怨妈妈没有早点儿提醒我，一边收拾心情，疯狂地赶作业。好不容易写完作业，夜已经深了。

这种"开头、结尾努力，中途松懈"的情形反复出现。直到有一次，我因为睡得太晚，第二天上课时不小心睡着，被班主任批评。从那之后，我试着通过设置闹钟进行改变。我在8点、8点30分、9点、9点30分、10点、10点30分各设置一个闹钟，每到一个时间点，闹钟就响一次，提醒我注意时间，不要松懈。

使用这个方法之后，我基本能在10点30分完成作业，即使想拖延一会儿，也能控制在10分钟之内。学习心理学之后，我才发现，这是一个普遍现象。在完成一项任务的时候，人们在开始阶段和结束阶段的效率是最高的，这被称为开头努力和结束努力。但是在中间阶段，人们的效率普遍比较低，这被称为中途松懈。

时间越长，这种效果越明显。例如，一节课的40分钟内，开头的15分钟和结尾的15分钟是效率比较高的阶段，中间的10分钟是效率比较低的阶段；一场考试的90分钟内，开头的30分钟和结尾的30分钟是效率比较高的阶段，中间的30分钟是效率比较低的阶段。

解决办法就是重新划分时间，缩减中间的松懈时间。例如，我每半小时设置一个闹钟，就是在不断地创造新的开头。现在有更好的方法，就是使用番茄钟。一个番茄钟默认为30分钟，包括25分钟的工作时间和5分钟的休息时间。

当开启一个番茄钟后，我们进入一个开始阶段，开始努力工作。当剩余时间开始少于10分钟时，我们感觉马上要结束了，就进入了一个结束阶段，重新鼓起干劲。25分钟结束，我们开始5分钟的休息。在这段时间内，我们可以站起来走一走，放松一下，顺便喝点儿水。当下一个番茄钟开启后，我们重新进入一个新的开始阶段，重复上面的过程。

这样，我们就拥有了更多、更长的开始和结束阶段，以保持学习的高效率，并获得了压缩之后的中间阶段，从而减少了低效学习的时间。

第四章

原则3：充分感受

　　眼睛、鼻子、耳朵、舌头等多种感觉器官，可以让我们感受到世界的丰富多彩。达·芬奇就是充分利用了各种感觉器官去观察世界、充分感受世界，从中学习了各种有用的知识。

第一节　感觉超人：达·芬奇

在我们的眼里，小鸟是如何飞行的呢？我们会想起这句话："一群大雁往南飞，一会儿排成'人'字，一会排儿成'一'字。"但小鸟到底是怎么飞的，却没有几个人能说清楚。除非借助高清摄像机，将小鸟飞行的动作拍下来，然后以慢速进行播放，才有可能搞明白这个问题。

但是达·芬奇却在没有高清摄像机的情况下记录了小鸟在各种情况下是如何飞行的。例如，一只小鸟如果要降低飞行高度，它会从侧面下降，然后它会转身，面向对应的位置，以相同的倾斜度下降，再转身飞到它想到达的高度（见图4-1）。

图 4-1　达·芬奇笔下小鸟的飞行姿态

　　达·芬奇甚至分辨出了老鹰、鸭子、麻雀的飞行方式差异，描述了鸟类如何通过控制尾巴和倾斜身体应对不同方向的风。最初这些笔记内容公开后，大家根本不相信，认为这是达·芬奇的个人空想。直到慢速摄影出现后，人们才惊奇地发现，达·芬奇的描述竟然都是正确的。

　　鉴于达·芬奇超乎常人的视觉观察能力，有人将他称为"可视世界的主宰"。实际上，达·芬奇在听觉方面也有突出的表现。他曾经做过音乐使者，为达官贵人演奏。为了追求更丰富的声音种类和音域扩展，根据自己对声音的敏锐感知，他为自己设计了各种乐器，实现了更好的演奏效果。

　　这些超越常人的感觉能力，并不仅仅是达·芬奇天生具备的，更多的是后天通过专门训练得来的。他的老师韦罗基奥就以"敏锐的眼睛"而著称，韦罗基奥要求自己的学徒仔细观察。因此，达·芬奇坚持进行各种感觉训练。他不仅仔细观察身边的各种景物，还聆听身边的各种声音。同时，他还在工作室放置鲜花和香水，以训练嗅觉；他甚至购买昂贵的天鹅绒和丝绸来训练触觉。

为什么达·芬奇这么重视感觉？他曾经说过："感觉是我们获取知识的源泉之一。"达·芬奇所拥有的大量成就也是建立在细致的观察之上的。例如，他观察到鸟类想快速提升高度，就需要不停地拍动翅膀，翅膀将空气向下压，空气反过来推动鸟类向上浮升；通过解剖观察老年人的血管，他发现了动脉硬化这种疾病的症状。

第二节　感受解决四大问题

在学习过程中，我们遇到的很多问题都与感受不足有关，如好奇心不足、记不住和记不牢、写作没素材、无法保持专注。下面依次讲解如何通过感受解决这四大问题。

一、问题1：好奇心不足

语文有一个大家公认的难点，就是形似字的区分。幸好，我遇到了一位负责的张老师，他教会了我很多区分方法。其中，最常用的就是观察法。至今，我都记得他讲过的一个例子——区分辩、辨和辫。

辩、辨和辫有相似的结构，左右都是"辛"，只有中间不同。仔细观察中间的不同，我们就能找到一些规律。例如，中间部分为讠时，与交流相关，如辩论、分辩、狡辩。中间是纟时，表示把东西缠绕在一起，如辫子。那"辨"字中的一点一撇能不能表示"辨"用在哪种场景下呢？

　　仔细观察这一点一撇，我们会发现，它有点儿像一把弯刀。其中的一点就是刀上的护手。那是不是可以将"辨"字理解为，用刀将两个辛切开，寻找其中的奥秘？查资料后发现，这种理解是正确的。在早期的隶书中，这一点一撇被写成一个小小的"刀"字，放在两个"辛"字之间的下部，意思是从此剖开。

　　我们继续观察。中间的部分是表示意思，那两边的部分是不是表示读音呢？再次查资料，又验证了自己的猜测。左右两边的辛合起来，构成一个字——辡，这个字的读音就是biàn。在古代，这个字等同于"辩"字。所以，辩、辨和辫的发音都来自辡。

　　一个简单的观察法就让我们能够清晰地区分辩、辨和辫，并且避免了死记硬背。观察法为什么这么有效呢？因为它重新唤醒了我们的好奇心。单独看"辨"字，我们会觉得很普通，因为它包括的3个部分没有什么特别之处。它的发音也很普通，没有特别的规律。由于我们自认为掌握了所有的信息，所以不会有什么好奇心。

　　当把辩、辨和辫放到一起再进行观察，就会不由自主地进行对比，从而能发现差异——中间部分。这个时候，我们就会产生好奇心——能不能以中间部分区分3个字的用法？当了解了中间部分所代表的含义，又会产生新的好奇心：为什么这3个字有相似的发音，是不是因为它们有相同的结构？

　　通过不断地观察，我们会发现一些新的信息。当无法解释这些信息的含义，我们就产生了好奇心。这些好奇心驱使我们去做点儿什么，以消除疑惑，掌握更多的知识。这种因为观察而产生的好奇心，不仅能推动我们学习新知识，还能推动人类技术进步。

例如，细菌学教授亚历山大·弗莱明在整理实验器皿的时候，发现了以前从没见过的霉菌。出于好奇，弗莱明发现了青霉素的存在。美国天文学家阿诺·彭齐亚斯和罗伯特·威尔逊在调试天线的时候发现，有一个频段的噪声总是消除不了。由此，他们找到了宇宙微波背景辐射。这个发现被称为20世纪60年代的天文学"四大发现"之一。

所以，当缺乏好奇心的时候，可以停下来仔细感受一下当下的信息。如果还是无法引发好奇心，就可以采用观察法，再次感受一下。

二、问题2：记不住和记不牢

上课铃一响，物理李老师左手拿着教案，右手拿着保温杯，急匆匆地走进教室。一上讲台，李老师就说："在讲课之前，先给大家做一个实验。"他晃了晃保温杯，里面传来叮叮咚咚的声音。然后，他快速拧开杯子，将一块"冰糖"倒在桌子上。这块"冰糖"似乎还冒着"白烟"。李老师对着"冰糖"吹了一口气，"白烟"多了起来。接着，李老师开始讲解。这块"冰糖"肉眼可见地变小。靠近讲台的同学还说，他们感受到了丝丝凉意。李老师讲解完，我们才明白里面的门道。

原来，这不是冰糖，而是固态的二氧化碳——干冰。冒的"白烟"也不是真的烟，而是干冰升华吸热，使空气中的水蒸气液化成小水珠形成的。通过这个有趣的实验，我们都牢牢记住了升华的概念。在后面的考试中，班里很少有人在这个概念上出错。很多年后，同学聚会时，当年靠近讲台的几个同学还对这个实验津津乐道。为什么一个实验有这么大的效果呢？

"升华是指物质从固态不经过液态直接变成气态的相变过程"，这个定义包含25个字。如果直接记忆，我们感受到的只是25个字。它不仅枯燥，还有点儿拗口。

但是，因为李老师的实验，我们的感受变得很丰富。"固态"两个字变成了一块雪白的"冰糖"，然后撞击在保温杯壁上，传来叮叮咚咚的声音。当滚落在桌面上，它没有流出任何液体，却在不断变小，直到最后消失得无影无踪。这种"有血有肉"的感受让我们记忆深刻。

在我们的大脑中，升华这一概念和冰糖的图像、叮咚叮咚的声音、滚落在桌面的动作、不断变小的变化联系在一起。在记忆心理学中，这个联系的过程被称为"编码"。当联系的东西越多，并且这些东西之间的联系越紧密，这种联系越容易被我们记住。

这样的联系方式，还有助于巩固知识。当我们再次看到冰糖，就很容易想起李老师从保温杯中倒出的那块干冰，然后想起整个实验内容，以及该实验反映的升华的概念。这种巩固过程是自动发生的，不需要用我们专门拿起课本。

另外，这些丰富的感受也有助于回忆。在考试时，我们经常因为紧张而想不起完整的定义，只能回忆起只言片语，如"固态""气态"。但是有了这些感受，就能基于这些词语回忆起整个实验的内容，从而补全整个定义。

同时，感受得越深入，记忆越牢固。全班同学一起观看李老师的实验，对于实验的记忆，靠近讲台的同学就明显比坐在后排的同学更深刻。毕业后的很多年，他们都能讲出各种细节。这是因为他们离讲台更近，可以观察得更仔细，可以更明显地感受到温度变化。

所以，为了记得更牢固，我们一定要充分感受，以获得充足的信息，供大脑形成深刻的记忆。

三、问题3：写作没素材

小丽又遇到了自己害怕的拦路虎——作文。这次的作文要求描述自己在暑假的一次游玩经历。小丽趴在桌子上，盯着作文本，似乎想到一些什么，刚写了两行，看了看自己写的，觉得没法继续往下写，又擦掉了。就这样，小丽写了又擦，擦了又写，反反复复，看得妈妈直摇头。

都半个小时了，女儿还在写开头。妈妈忍不住了，就问："又不知道怎么写了？"小丽嗯了一声。妈妈继续说："暑假的时候，咱们不是去动物园了？你不是还给羊驼喂了胡萝卜吗？"小丽想了想，似乎有这件事情，但这又有什么可写的呢？

妈妈拿出手机，翻出当时录制的视频。小丽透过屏幕，看着自己小心翼翼的样子，就觉得好笑。羊驼几次抬起前腿，伸长脖子，用各种方法够萝卜。小丽扭头对妈妈说："原来这么有趣。可是，我当时怎么没感觉呢？"

妈妈打开另外一个视频。在视频中，小丽刚喂完羊驼，就跑到一边，掏出自己的手机，在上面戳戳点点。小丽马上明白了，自己忙着和同学聊天，根本没仔细感受整个喂食过程。类似的事情不仅发生在小丽身上，也发生在我们身上。

图4-2 手机让小丽转移了注意力

我们在旅游的过程中，参观过各种名胜古迹、博物馆、展览馆，体验过各种娱乐项目。但是，等到写作文时，还是无从下手。即使按照老师要求的"记叙文必须包含六要素"动笔，也只能写一两百字，写出来的作文被老师称为"流水账"。为什么写不出好的作文呢？因为我们缺少可写的东西——素材。但是，我们明明有经历，怎么还是缺素材呢？

因为从经历中提取素材，需要充分感受，而我们通常没有做到充分感受。就像喂羊驼，小丽当时忙着给同学发消息，根本没有仔细感受。直到在视频中看到自己小心翼翼地探出胳膊，她才体会到，当时自己的内心有多惶恐。看着羊驼不断地抬起前腿，伸着脖子，她才发现自己忽略了多少细节。幸亏妈妈录了视频，否则她都忘了有这样的经历。

所以，要想有写作素材，就需要充分感受。例如，出去旅游的时候，放下手中的手机和书，仔细观察周边的一切，去充分感受。如果有父母陪同，可以请他们帮忙记录我们遇到的各种事情。这样，事后就可以反复回味，获得更深的感受。

四、问题4：无法保持专注

上课时，很多同学都会不由自主地走神，要么是盯着窗外的杨树发呆，要么是摆弄自己的橡皮。这不，小凡又被老师点名批评了。下课后，同桌拍着他肩膀说："又被抓了吧。我都和你说了，注意听老师说话的方式。一旦她说得慢了，并且有停顿了，肯定有人要倒霉了。"小凡疑惑地瞅瞅同桌，心想："有这么回事？我怎么不记得你说过这话呢。"

等再上课，小凡就开始留意老师说话的方式。果然，老师还真有这个习惯。刚才老师还眉飞色舞地讲个不停，现在却越讲越慢。顺着老师的目光，小凡找到了两个"倒霉蛋"——后面的两个同学在嘀嘀咕咕。有了这个发现，小凡就时刻关注着老师说的每句话和做出的每个动作。这样下来，小凡的期末成绩竟然提升了一大截。老师直夸小凡上课认真听讲，进步非常明显，大家应该向他学习。

图 4-3　小凡找到了两个正在说话的同学

　　听到这样的表扬，小凡是"丈二的和尚摸不着头脑"，自己都不知道怎么就变得专注了。这里的奥秘就在于小凡加强了感受。因为人对感觉信息的处理能力是有限的，当感觉信息超过我们能处理的极限时，额外的感觉信息就会被我们忽略。

　　这里做一个比喻。我们把大脑看作贪吃的小狗。它每时每刻都需要我们喂食。如果主动投喂得不够多，它就会自己吃下一些乱七八糟的东西。为了避免出现这种问题，只能尽可能地多收集食物（有价值的信息）。小凡误打误撞地做到了这一点。

　　上课时，小凡不仅仔细听老师说的每句话，还观察老师的一举一动。耳朵和眼睛把这些信息传入大脑后，大脑很快达到了信息处理的极限。这个时候，即使小凡的耳朵把同桌的嘀咕声传给大脑，大脑也无暇处理，直接进行了忽略。这样，小凡就保持了专注。

有人会想，我家养的宠物狗吃什么、吃多少都由我来决定，那我能不能控制大脑，让它只处理我想要的信息，不要处理那些无关的信息呢？如果能做到，我就能保持专注了。这个想法很好，但不现实，因为科学家发现，人的主观意图并不能完全决定大脑处理什么信息、不处理什么信息。所以，要想保持专注，我们必须深入感受各种细节，把大脑这只贪吃的"小狗"喂得饱饱的。

第三节 在学习中感受

在学习中，感受途径和方式是多种多样的。我们不仅可以通过视觉观察现在，还可以结合记忆，将现在的感受与过去的感受进行对比。不仅可以通过听觉感受，还可以将听觉和视觉结合起来感受。

一、捕捉计算中的数感

正在上小学的小丽因为作业问题被叫家长。原因不是作业没写，也不是出错太多，而是计算题有结果，并且结果全对，但没有过程。老师怀疑她抄答案，结果一问，原来她是用计算器算的。老师批评她不认真做作业，小丽还不服气：明明有计算器，为什么还要自己计算呢？

我也有过类似的感受：我已经会了各种计算方法，为什么老师还要隔三岔五地布置一堆计算题？直到有一次我给同学讲题，在讲题过程中，有一个步骤要计算102乘以23。我直接写出结果2346。

同学一下子蒙了："你怎么做到口算三位数乘以两位数的？"

啊？这哪是三位数乘以两位数，这只是两个一位数乘以两位数！1乘以23得到23，2乘以23得到46。将这两个结果拼在一起，就得到了最后的结果2346。这也算一个计算技巧。这个技巧来自平时做计算题的经验。

例如，我使用竖式计算102乘以23，得到结果2346。这个结果非常特殊。前两位和后两位分别是23和46，刚好是乘数23的倍数。这种特殊情况是怎么产生的呢？后来，我想明白了，这就是乘法分配律的使用。我们只要把102拆分为100和2，原来的计算就变成了100乘以23和2乘以23。

任何乘法计算题都可以使用乘法分配律，但大部分时候并不能简化计算。那我们什么时候使用它呢？这就需要数感。数感是我们对数字变化的一种感受，来自日常计算。例如，我计算102乘以23靠的就是数感（见图4-4）。

类似的还有（4/15+3/17）×15×17。按照默认的计算方式，我们先要通分，得到113/255。然后，我们用113/255乘以15和17，最终得到结果113。

$$\left(\frac{4}{15}+\frac{3}{17}\right) \times 15 \times 17$$
$$=\left(\frac{68}{255}+\frac{45}{255}\right) \times 15 \times 17$$
$$=\frac{113}{255} \times 15 \times 17$$
$$=\frac{113}{17} \times 17$$
$$=113$$

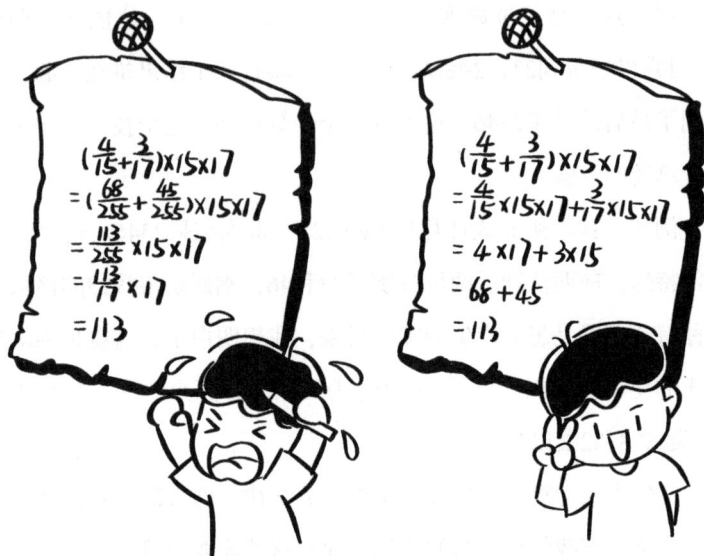

图 4-4　运用数感简化计算

　　在计算过程中，计算结果先变得复杂，然后变得简单，最后得到一个整数。这种变化方式暗示着我们的计算方式可能有问题。重新观察题目就会发现，应该先做乘法，再做加法。这样就不用进行通分了。

　　所以，老师布置大量计算题的意义不仅仅在于提升我们的计算熟练度，更多的是培养数感。有了准确的数感，才能灵活应用各种公式和定律，将计算过程化繁为简。这样，计算时我们不仅能节省时间，还能减少繁杂计算引发的错误，从而提高计算的准确率。

二、感受声音：通过声音促进学习

在学习中，我们更多的是看课本、做练习，试图以看的方式尽可能掌握各种内容。在这个过程中，我们往往忽略了说和听，这导致忽略了声音在预习阶段可以发挥的作用。

1. 汉字发音的秘密

遇到不认识的字，我们总会猜读音。例如，不认识"涣"字时，我们都会猜，它的发音应该是huàn。因为"换""焕""唤"都读huàn，所以有这个猜测。但是有时也会出错，并被告诫千万不要"秀才认字读半边"。

但是，如果仔细感受发音，还是会发现一些规律。例如，"扁""遍""编"的读音都是bian，只是声调不同；"偏""骗""篇""翩"的读音都是pian，也只是声调有差别。两组字的共同点是，它们的字形都包括"扁"，读音都包括ian。这不是巧合，而是汉字特有的形声字发音规则。

2. 诗词的节奏

在每个学期，我们都要学习几篇诗词，并且要背诵。很多同学都为这个背诵任务发愁，不断地抄写、默写，却忽略了朗读这一方式。如果朗读的时候仔细感受节奏的变化，就会发现诗词自带的节奏感。

例如，"湖光秋月两相和"的节奏是"四三"，即"湖光秋月""两相和"。"人生自古谁无死"的节奏是"二二一二"，即"人生""自古""谁""无死"。

诗词的节奏简单，却能促进记忆。只要朗读的时候仔细感受，就能有效提升记忆效果。

3. 文言文的节奏

文言文的背诵难度远超诗词。这不仅因为文言文一般比诗词长，还因为对于文言文，我们只能根据标点符号做基本的停顿，难以厘清字词间的停顿。这时候就需要仔细聆听语音资料，总结出对应的规律。

三、感受氛围：消除上课的枯燥感

上课的时候，很多同学觉得很无聊，昏昏欲睡。其中，有的同学是因为听不懂而觉得无聊，有的同学是因为全部都会了而觉得无聊。第一类同学只要加强课前预习，就可以解决问题。那第二类同学该怎么办呢？

在初中的时候，我也遇到过类似的问题。在暑假的时候，我提前学了数学课的内容。这导致上数学课时，我总觉得有点儿无聊，毕竟我已经掌握了课上讲的内容。每次上课，我听上几分钟，就开始独自写课后作业。写完作业，我就无所事事了。这时候，我总能看到同桌在那里盯着老师"傻乐"。

课后，我和他聊起这个事情。同桌就开心地说："你不觉得，咱们老师满肚子'坏水儿'吗？有时候，他会先故意讲错，把大家带进沟里，然后看着大家在沟底傻眼，然后再把正确解法告诉大家。"听到这里，我马上就有兴致了。同桌接着说："你注意听，老师每次说'哎呀呀，这里讲错了'，那语气里都透着一股开心劲儿。"

原来课堂上还有这些好玩的事情。于是，我开始仔细观察老师，还真发现一些秘密。数学老师在"使坏"之前都会揉一下脸，以表现得更严肃。看着我们掉到"沟里"，他有时忍不住了，会扭过身耸着肩偷笑。慢慢地，我发现，上课是一件很有趣的事情。

后来，我明白了，我喜欢的是上课的那种气氛。在讲解课本知识时，老师有着自己独特的表述方式和肢体语言。同样，同学们也会以不同的方式回应。老师和同学形成一种互动，而我既可以旁观这种互动，看老师"挖坑"，同学"掉坑"，也可以加入这种互动，避开老师设下的陷阱，获得老师的赞赏。

这种气氛引发了我的积极情绪，让我在欢乐中重新学习一遍课本上的内容，哪怕这些内容已经被我掌握，也不显得枯燥和无趣了。

第五章

原则4：接纳结果

　　我们因好奇心而开展行动，在实践中，我们充分感受，最终会得到一个结果。结果有好的，也有坏的，如上课听不懂、作业完不成、考试不及格，这些坏的结果让我们的心情变得糟糕、无心学习。那么该如何面对这些结果呢？

第一节 屡败屡战的达·芬奇

没有人是一帆风顺的。达·芬奇为我们熟知的是他的各种成就：他创作了许多世界名画；他提出了很多超越时代的学说，如植物的向阳性、地层构造、心脏结构等；他将很多奇思妙想呈现在世人面前，如自行车、飞行器、潜水器等。但达·芬奇还有很多不为人知的一面，他也曾遭遇了很多失败。

有的失败是因为时局动荡。为了设计青铜马雕像，达·芬奇潜心研究马的结构，改良青铜铸造工艺，设计巨大的黏土模型，但是战争来临了，他用来铸造骑士像的铜料被拉走铸造大炮，城堡被攻陷后，黏土模型也被损毁。

有的失败则是因为遇到了不靠谱的"队友"。在比萨主持设计修建运河时，他花了大量时间测量阿尔诺河的水文条件，计算施工量，制造专门的施工机械，制定详细的施工方案。但由于种种原因，达·芬奇设计的多个水利方案都无法实施。

有的失败则是因为达·芬奇的想法超乎当时人的认知。1502年，达·芬奇向当时的奥斯曼帝国（现土耳其）的苏丹巴耶济德二世提议，在金角湾上建造一座砖石桥梁。这座桥梁一旦建成，便会成为当时世界上最长的桥梁，并且是单拱的，方便中型船只从下面通过。当时的人们从来没有见过这么大跨度的桥梁，认为这个设计方案根本不可能实现。直到约500年后，该设计才被验证是可行的。

有的失败源于他自己的认知性错误。当时，学术界流行一个数学之谜——化圆为方。这个难题要求只使用圆规和直尺画出已知圆形的等面积正方形。由于圆周率 π 的存在，这道题目根本不可能有解。但是，达·芬奇并不知道这一点。在十几年里，他不断进行尝试，寻找根本不存在的答案（见图5-1）。

图5-1　达·芬奇钻研化圆为方

有人因此总结，达·芬奇是一个人生中充满失败的人。但对于失败，达·芬奇始终抱着开放的态度。对于由别人导致的失败，他表现出沮丧，但接受。对于自己导致的错误，他会一直寻求答案，直到找到正确的答案。

这种品质对于每个人都非常重要。因为在满足好奇心的实践过程中，我们始终面对着一个浩瀚的未知世界，这就需要我们能够接纳不确定、不一致以及错误。

第二节　学习的4种结果

在实践之前，我们可能有预期，也可能没有预期。预期可能是明确的，也可能是不明确的。例如，考试之前，我们对分数可能有预期，也可能没有预期。有预期的同学可能期待得到满分，也可能期待得到七八十分。在实践之后，我们会获得一个实实在在的结果。但由于预期存在，面对结果时的感受会不尽相同。

1. 符合预期

当预期是确定的且结果和预期一致时，我们最容易接受，无论结果好坏。例如，预期的成绩是85分以上，最终成绩是86分，我们会认为这个结果还行，因为它符合预期。如果感觉这道题目做错了，果然老师打了叉号，我们也会欣然接受，因为这符合我们的预期。

2. 不确定

面对确定的结果，由于我们的预期不确定，所以会心生疑惑。例如，读文言文《童趣》的时候，我们读到"项为之强"，对"强"字的含义感到疑惑。查了《现代汉语词典》后，看到了"强"字的所有解释，还是会疑惑：万一这个字是通假字呢？

3. 不一致

结果和预期不一致，对于这种情况，我们往往很难接受。例如，预期自己这次能考90分，结果只有75分。为什么会这样？有时可能是我们使用了错误的解题方法但凑巧得出了正确答案，却因为解题方法和标准答案不一样，被扣分了。因此会产生不服气的情绪。

4. 错误

面对自己预期错误的结果，例如，看了答案，我们发现自己的解法确实错了。虽然接受这个结果，但却不愿意面对它，这会导致我们错失很多学习的机会。

在这4种结果中，后3种都会对学习造成很多困扰。它们会破坏好奇心，阻碍我们的行动，掩盖学习中的问题，降低学习的效率。只有正确面对它们，才能高效率地学习。

第三节　面对不确定

在学习中，到处充斥着不确定。对此，有时候，我们会逃避，如不预习和复习；有时候，我们会忍受，如上课听不懂也憋着不问；有时候，我们会主动消除，如积极做作业和迎接考试。为了提高学习效率，主动面对和积极消除才是正解。

一、预习阶段：预习之后更迷糊

很多同学不愿意预习，因为他们感觉越预习越迷糊，这是大部分人都遭遇过的尴尬情况。例如，打开课本之前，我们只是不清楚明天老师要讲什么，打开课本之后，就会发现这里看不懂，那里搞不明白。拿起工具书查一下，可能会得到一个答案，却不知道它是否正确。面对这样尴尬的局面，我们需要逐步破解。

1. 看不懂

预习的时候，我们会遇到各种看不懂的内容。对于大部分看不懂的问题，都可以用工具书解决。例如，遇到不认识的字，可以查

《新华字典》；看到不懂的词，可以查《现代汉语词典》；遇到不会读的单词，可以查《牛津英汉双解词典》。

预习之前，我们先把这些书摆在面前，遇到不懂的地方，就能快速地查阅。

2. 找不到答案

虽然准备了尽可能多的工具书，也在努力地使用这些工具书，但是我们还是会遇到找不到答案的情况。这个时候就需要接纳这个结果，然后按照以下步骤应对。

（1）需要在书上把这个问题圈起来，并将这个问题添加到问题清单上，这样我们就知道听讲时的重点有哪些。

（2）如果查到相似的信息，可以整理到预习笔记中。在上课的时候，我们可以分辨老师讲解的内容与这些内容是否有关。

（3）可以向同学和老师请教相关的信息可以在哪些工具书中找到，再准备对应的工具书，方便日后的预习。

3. 答案不确定

好不容易查到答案，却发现自己不能确定答案是否正确。有时，不确定的原因是我们得到了多个答案，答案之间互相矛盾。这个时候，可以将所有的答案都整理到预习笔记中，然后仔细分辨，找出一个更可信的。最终根据老师的讲解，找出正确的答案。有时，不确定的原因是我们不理解对应的答案，这就需要我们继续使用工具书查找相关资料。如果仍然不理解查到的新资料，则应及时停止，避免越陷越深。此时，我们需要将这个问题添加到问题清单中。

二、上课阶段：听得稀里糊涂

上课的时候，我们经常会遇到这样的问题：某个概念是这样理解吗？某个公式是这样用吗？某个词语是这样解释吗？某个单词是这样发音吗？这些问题就像一群蜜蜂一样，围着我们的脑袋嗡嗡叫，搞得我们听课听得稀里糊涂的。

这让我们总是小心翼翼的，对自己学到的各种知识都不确信。拿起笔的时候总在顾虑，笔记是不是要这样记？题目是不是这样解？老师的问题是不是这样答？每一次行动中我们都犹犹豫豫，不够果断。

这种情况的发生源于我们对上课内容没有预期，不知道老师要讲什么，每个知识点是关于什么的，这些知识点与已学的哪些知识点相关。由于面对的未知太多，我们被引发了太多的好奇心，而大脑根本没法在上课的40分钟内及时处理这些信息。所以，要避免这种情况，就需要建立一定的预期。当碰到预期之外的问题，也需要有一些应对策略。这就需要我们做到以下几点。

1. 提前预习

预习是学习中建立预期最直接的方法。预习之后，就对老师要讲解的内容有了一个大概的了解。在听课的时候，就可以对知识点进行快速判断，知道这个知识点就是这样的，那个知识点就是那样的。这样，我们对于大部分知识点不会感到疑惑。

2. 应对遗漏

有时候，我们预习不充分，总会遗漏部分知识点。老师讲到全新的知识点时，我们可能手足无措。这时候，先简要地把知识点记下来即可，可以课下再深入了解和记忆。有了具体的行动，就不会被一个知识点困住，而导致整堂课都听得迷糊。

3. 解决遗漏

即使付出各种努力，我们还是有可能无法理解某个知识点。这个时候，需要及时解决问题，以免影响后续内容的学习。解决方式有以下几种。

（1）寻求老师的帮助。首先说出自己的理解，由老师纠正其中的错误。老师长期教授我们，对我们有一定的了解，容易发现我们潜在的理解障碍。

（2）寻求同学的帮助，看看他们是如何理解的。同学通常和我们有相同的基础，他们给出的解释更容易使我们理解。

（3）查找相关的辅导资料，寻找不一样的讲解。将不同的讲解放到一起，这样可以从更多角度分析，也更容易理解。

三、复习阶段：小心复习的两种不确定

你喜欢复习吗？答案大概率是不喜欢。不要觉得自己是异类，大部分同学都不喜欢复习。很多同学都和我说："复习最没意思了，感觉没什么效果。有那个时间，还不如多'刷'几道题。"造成这个问题的原因在于，大家的复习存在两种不确定，即复习目标不确定、复习效果不确定。

1. 复习目标不确定

复习的时候，很多同学拿起书就看，直接从头看到尾。有些同

学会结合习题、笔记一起看，以单元为单位进行复习。无论采用哪种方式，大家都会面临一个问题——枯燥。尤其是面对非常熟悉的内容时，我们会觉得非常枯燥，没有一点儿好奇心。

导致这个问题的原因就是没有明确的复习目标。复习的时候，我们需要确定有效的目标，即复习那些不熟悉、不熟练、已淡忘的知识点。只有复习这些知识点的时候，才会被引发好奇心，才不会觉得枯燥。

所以，复习之前，我们需要先自测一下。例如，复习课文和单词之前，先默写一下这些内容。如果能顺利默写出来，那不用再打开书背诵了。从记忆学的角度来说，默写本身就是一种巩固手段。

对于应用型知识点（如公式、定理、语法），在复习之前，我们可以通过一些经典题目进行自测。如果自测通过，就可以不再复习；如果没有通过，我们势必会好奇自己为什么错了。这个时候再进行复习，效率会非常高。所以，我们需要多准备几份习题册，尤其应准备针对特定知识点的专项习题。

2. 复习结果不确定

复习完成后，很多同学把课本一合，就认为大功告成了。感觉敏锐的同学会觉得少点儿什么，心神不宁。这是因为复习缺少一个结果。复习完成后，我们收获了什么？这些收获有没有一个具体表现呢？这就像投石问路，我们花费大把的时间和精力扔出一块石头，总得听个响儿。

没有结果，就不知道后续要不要这样复习。所以，在想要知道自己的复习效果时，需要创造一个结果，而创造结果的方式就是对复习的内容进行自测。同样，对于记忆型知识点，我们可以进行默写；对于应用型知识点，可以做几道题目。

只有消除了目标不确定、结果不确定，我们才能主动进行有针对性的复习，并获得相应的反馈。

四、做作业阶段：要不要对答案呢

做作业的时候，很多同学每做一道题目，就想对一下答案。一旦不对答案，他们就觉得很不安心，甚至焦虑。其中的原因主要有两个。一个原因是他们想知道自己做得是对还是错，另一个原因是作业要交给老师批改，如果错多了，老师会批评自己。

为了对答案，大家想尽办法。网络不发达时，通常只有老师才有课后习题的答案书，学生很难拿到，也很难买到。那个时候，大家往往聚在一起写作业，做完一道题目，大家就对一下答案。后来，网络发达了，大家可以在网上搜答案。现在，有了各种搜题App，大家直接拍摄题目，就能得到答案。

那么，到底应该不应该对答案？心理学家专门做实验，以验证对答案是否对学习有所帮助。结果证明，学生平时做完选择题后对一下答案，最终测试的成绩能提升25%。既然对答案有好处，那怎么做才更有效呢？

1. 最糟糕的方法：做一道，对一道答案

现在智能手机普及，大家可以安装各种搜题App，这使对答案变得非常简单。很多同学每做一道题目，就对一下答案。如果解答过程和最终答案没问题，他们就马上做下一道题目。如果自己的答案和App上的答案不一致，他们就照着App上的答案修改自己的过程和答案。

这种方式看似最为快捷，但对学习的帮助作用最小。因为一旦有了标准答案，我们就懒得思考自己为什么做错了。即使按照正确答案做了一遍，也只是巩固了这道题目的解法，而没有找到错误的根源和思维漏洞。下次遇到类似的问题，仍然有可能出错。

2. 稍微好点儿的方法：批量对答案

很多同学觉得，挨个对答案太麻烦，所以他们做完几道题目后，批量对答案。例如，把所有的选择题都做完后一起对答案。这种方法比前一种方法有效，可以多提升11%的成绩。因为批量对答案的时候，大脑已经忘记自己当时是如何作答的。根据答案回顾错题的时候，大脑需要重新思考一遍解题方法，这相当于又做了一遍题目。

3. 最有效的方法：先解决"不确信"，再对答案

我们为什么对自己的答案不确信呢？这里有两种原因。第一种原因是不确定解题方法是否正确。例如，这个题目是用公式A，还是公式B？那段话的中心思想是观点A，还是观点B？第二种原因是不确定步骤是否有错误。例如，不确定是否有计算错误。

这些不确定意味着我们知识的掌握不够牢固，或者解题方法有漏洞。例如，不确定使用哪个公式，意味着我们没有明确这些公式的适用范围。不确定是否有错别字，意味着我们对这些汉字的用法不够明确。这些不确定就是我们潜在的错误根源和思维漏洞。

所以，在对答案之前，需要先解决这个问题——思考我们为什

么不确信。因为做题最重要的不是结果的对错，而是你是否正确地掌握了相应知识点，解题过程中的每一步你是否都已经熟记了原理和应用方法。你学习中的薄弱点就藏在你的"不确信"中，先解决这个问题，才会对学习有很大帮助。

五、考试阶段：这个答案对不对呢

考试的时候，我们解答完一道题目后总是会纠结，这个答案对不对？要不要重新检查一遍？在纠结的过程中，不仅时间一分一秒地流逝，我们的心情也变得越来越糟糕。在个人状态比较糟糕，或者刚开始考试的时候，我们很容易遭遇这种问题。这个时候该怎么办呢？

如果是平时做作业，我们可以仔细地把题目重新做一遍。但是，在考试时，有限的时间往往不允许我们这样做。这个时候，需要依据情况分别进行处理。

1. 重看求解过程

如果题目是解答题、证明题类型，可以仔细检查一遍求解过程，如果求解过程没有问题，就可以认为答案是正确的。如果题目是填空题、选择题类型，就检查草稿纸上的简略求解过程，以检验答案是否正确。这就要求草稿纸上的求解过程要整齐、完整，否则不利于检验。相对于重新做一遍，检查求解过程更能够节省时间。

2. 快速检验

如果时间比较紧张，可以采用一些快速检验方式。第一种方式是由答案倒推条件。可以把答案代入题目做反向推导。只要推导结果符合已知条件，就接纳结果。第二种方式是做部分检验。例如，对于复杂的计算题目，可以只检验尾数。只要尾数正确，就认为结果正确。第三种方式是排除其他项。对于选择题，只要证明我们的答案之外的选项是错误的，那我们的答案就是正确的。

3. 暂时放弃

有的考试的时间非常紧张，我们担心无法完成所有的题目。那么就要暂时放弃检验，这时候可以在草稿纸上做一个明确记录，写下需要检验的题号。如果后续有时间检验，则先检验这些题目。切记，不要在试卷上做标记，避免交卷时忘记清除标记，被认定为作弊。

利用好这3种方式，就可以避免在一道题目上花费大量的时间。

第四节　面对不一致

在学习中，我们经常会遇到一些和自己预期不一致的情况。例如，老师讲课的内容与自己预习的不一样；以前会做的题目，现在不会做了；我们的解题方法竟然不是标准解题方法……这些不一致让我们很纠结。这种情绪经常干扰我们的学习，这时候该怎么办呢？

一、上课阶段：预习的和老师讲的不一样

课前，我们好好预习过了。课中，我们认认真真听讲，但有时听着听着，就感觉不对了。老师讲的内容怎么和我们查的资料对应不上呢？是老师讲错了，还是查的资料有问题？我们还在原地纠结，老师却在快速地往前讲。糟糕！错过了老师讲解的另外两个知识点。

这是我们经常遇到的一种情况。老师讲的和预习的不同。有的时候，差别只是顺序不同，老师先讲了后面的内容，然后才讲前面

的内容。有的时候，老师讲的和我们理解的完全不同。这个时候，肯定有一个人错了。是我们错了，还是老师错了？要不要马上举手问问老师？如果问老师，会不会影响老师讲课？万一是老师错了，这个提问让老师下不了台，该怎么办呢？

一连串的问题冒出来，彻底把我们难住，这导致我们没法好好听课。遇到这种情况，一定要有所行动，而不能被一个问题引发的好奇心困住，从而影响整堂课的学习效率。

1. 理解老师讲的内容

很多时候，预习的内容与老师讲的内容不同，只是因为角度不同，范围不同，其本质是相同的。所以，当发现存在不同时，我们更应该注意听讲，着重理解。如果遇到有疑问的部分，要马上记下来，与自己预习的内容形成对比。在记录过程中，要仔细对比两者的不同之处。为了便于后面解惑，需要将有差异的部分勾画出来，并在旁边标一个问号。

2. 寻找合适的时机

每个老师有自己的讲解节奏和习惯。有的老师喜欢讲一个知识点，就询问同学是否理解了。有的老师喜欢把所有的内容都讲解完，然后统一答疑。向老师提问的时候，我们要考虑到这一点，尽量选择老师专门空出的解答时间。在这个时间段内，老师可以更自如地解答我们的疑惑，而不用担心讲课时间不够。

在等待时机的过程中，可以将有疑问的部分遮住。隔绝了引发好奇心的内容，我们的情绪就会逐步平静下来，就可以耐心等待提问的机会。

3. 清晰地表达疑问

当终于有机会提问的时候，我们要清晰地表达自己的疑问。在表达过程中，要注意以下4点。

（1）明确表达对哪个知识点存在疑问，定位越精确，越方便后期的沟通。例如，"我对第三段第一句的理解有疑问"就比"我对第三段的理解有疑问"更清晰。

（2）复述老师讲解这个问题时的大意。通过复述，不仅可以表明自己认真听讲了，还可以让老师帮忙确认我们的理解是否存在偏差。

（3）要说明自己是看的哪本资料、对这个问题有什么样的理解，以及自己的理解和老师讲的有哪些差异。

（4）如果老师给出了解释，但我们仍然无法理解，就先记下来，再进行思考。大部分时候，我们会受限制于自己的理解，一时无法"跳"出来。这就需要先放空大脑，隔几个小时再思考。

二、复习阶段：以前会的，现在不会了

复习的时候，我们经常会遇到这样的尴尬局面：之前明明掌握了这个知识点，怎么现在又不会了呢？记得做过这道题目，现在怎么不知道怎么做了呢？有人说，这是因为我们当时没有真正理解，只是死记硬背，对于知识点，就像学习骑自行车一样，只要掌握了，就永远不会忘记。事情真的是这样吗？

事情当然不是这样。我们学过的任何东西，都会被逐步遗忘，除非不断地复习。有人会马上举出反例。例如，他连续几年不骑自

行车。现在，他只要拿到自行车，花上一分钟熟悉一下，就可以正常骑行。

图 5-2　骑车不用复习也能轻松掌握

这个例子看似是一个反例，实际是一个关于复习的经典例子。即使我们很少骑自行车，但我们经常看到自行车，看到别人骑自行车。当我们看到自行车，大脑就会激活相关的记忆：脚踏板是用来蹬的，车把是用来掌握方向的。当我们看到别人骑自行车，大脑会自动模拟同样的动作，让我们获得类似的感受。所以，只要看到别人骑自行车，我们的骑自行车技能就被自动复习了一遍。

然而，从课本上学习的很多知识并不会在生活中直接体现，如数学的带分数、语文的生僻字、英语的各种单词。只要我们不复习课本、不看相关的资料，可能一个月都不会接触到一次。

按照艾宾浩斯遗忘曲线，7天的时间足够让我们忘记至少70%的内容。所以，只要一段时间不接触对应的内容，就会遇到前面说的尴尬局面——忘记了以前记住的内容，搞不定以前做过的习题。

要避免这种尴尬局面，就需要定期复习。复习的方式有很多种：可以采用常规的复习方式，如拿起课本、习题册、笔记重新看一遍；也可以采用一些另类的方式，如看相关的资料、与别人讨论、给别人讲题。

不论采用哪种方式，只要能唤醒对应的记忆，就算进行了复习，巩固了对应的知识点。

三、做作业阶段：解题方法的不一致

大家有没有遇到过这样的情况？自己认认真真做了大半天的作业，却被老师判了一个半对半错。拿着其他同学的作业一对照，我们发现，答案完全正确，只是解题方法不同，原来是自己的解题方法和标准解题方法不一致。这时候，我们该怎么办呢？

这种不一致局面形成的原因有3种。第一种原因是解题方法存在问题，只是碰巧得到了正确的答案，并不是真的做对了。第二种原因是使用了超纲的知识或者过时的知识。第三种原因是使用了不同的解题思路。对于第一种原因，我们很容易接受。对于第二种和第三种原因，很多同学就很难接受这个结果，有抵触情绪，不愿意修改。遇到这种情况，我们可以按照以下3步走。

1. 认可自己

只要题目没有限制解题方法，我们就可以使用任意一个知识

点，并且从任意角度进行求解，得到最终的正确答案。所以，首先
要认可自己，我们没有错。只有保持这个正确认识，才可以平静地
完成后续的步骤。

2. 理解标准解题方法是另外一条路

标准解题方法给我们展示了知识点的应用场景和思考问题的角
度。它往往是这类题目的最佳求解方法。很多时候，我们不接受标
准解题方法，只是因为认为它不是这道题目的最佳解决方法。如果
因为这个原因就放弃掌握这种方法，就会吃亏了。虽然条条大路通
罗马，但每条路远近不同。另外，当一种方法行不通的时候，就需
要有另外一种解题方法和思路。所以，一定要掌握标准解题方法。

图5-3　对待题目的"3步走"

3. 掌握标准解题方法

标准解题方法加上我们已经掌握的解题方法，就有了多种解题方法。这个时候就需要选择。首先要比较每种方法的求解速度和求解难度。当时间紧张的时候，要选择花时间少的方法。当力保正确率的时候，我们要选择求解难度低的方法。

然后要比较每种方法的通用性。如果我们对求解的题目没有信心，就优先选择通用性强的方法。虽然这种方法有时可能比较烦琐，但更容易求得我们想要的答案。例如，通过底乘以高求三角形面积，要比根据三边边长求解更通用。

最后要比较每种方法是否依赖特定条件。特定条件是解题的线索，我们读题的时候一旦发现这些线索，就会联想到对应的解题方法。

第五节　面对错误

在学习中，我们因出现错误而被老师批评，很容易导致情绪问题。例如，我们觉得被老师批评很尴尬，认为在同学面前丢了面子。为了少出错，很多同学会故意放弃表现的机会，如尽量避免回答老师的问题。对于已经出现的错误，他们会刻意回避，导致错失发现错误背后隐藏的问题的机会。只有正确面对错误，我们才能通过错误激发好奇心，从错误中受益。

一、上课阶段：怕回答老师的问题

上课的时候，老师一提问，很多同学就连忙低下头，假装忙碌。他们要么抓紧翻看课本，要么拿起笔来记笔记。直到老师叫了其他人，他们才松了一口气。大家不愿意回答问题的原因有很多，其中，最主要的原因是自己不会和怕答错了。如果原因是自己不会，可以通过事前预习、事后复习等方法进行弥补。如果原因是怕答错，就需要专门克服了。

1. 回答问题的作用

提问是课堂教学的重要手段，对老师和学生都有好处。尤其是学生，回答老师的问题有多种好处。首先，我们会整理思路，使用自己的语言表述具体的答案。这可以促进我们对知识的理解，并形成更牢固的记忆。其次，如果回答存在瑕疵，老师可以及时指出来，纠正我们的错误，这是一种一对一的互动。最后，这种一对一的互动可以加深我们和老师的感情，让我们更喜欢学习。

所以，遇到老师提问，只要能够回答，就应该积极举手，参与到与老师的互动中。

2. 接纳出现的错误

很多同学害怕出错，尤其是在众多同学面前出错。我们总是认为，别人会拿自己犯下的错误嘲笑自己，但事实并非如此。首先，我们仔细观察一下，每天总有几位同学答错老师的问题。然后，我们回忆一下，在上周和上个月，哪些同学答错了。最后，我们会发现，我们根本不记得。既然我们不记得别的同学犯过的错误，那么别的同学也不会记得我们犯过的错误。

3. 及时消除尴尬

有时候，我们不是惧怕答错本身，而是惧怕答错之后的尴尬，比如害怕答错后老师让我们站着听他讲解。一旦答错，有的老师会马上给我们分析答错的原因，以及正确的答案应该是什么。可是他们忽略了一个重要的问题——我们还站着。大家都坐着，而我们站着，这让我们很尴尬。

遇到这种情况，就要提醒一下热情的老师。例如，可以说自己需要坐下来记笔记，或者自己站着会影响后排同学听课。

二、复习阶段：拿起错题本

高考前半个月，我们开始自由复习。我每天必做的一件事情是复习错题。我把所有的试卷都钉在一起，变成厚厚的一摞。每天晚自习，我就唰唰地翻一遍。十几分钟，我就能全部翻完。同桌看着很吃惊，问我："这么短的时间，你就能看一遍？"我笑着回答："哪能呢，我又不是超人，我只是把错题看一遍。"这个方法非常有效，它帮助我避免了一个常见的问题——同样的错误反复犯。

很多同学都有过类似的经历。例如，在这次作业中少写了单位，发现错误后改正了，但过上几天，又会犯相同的错误。这让我们严重怀疑是不是自己记性不好。很多同学为了解决这个问题，会将错题整理到错题本上，但是做完这个工作后，就把错题本放到一边，置之不理。

不愿意面对错误，这是人的本性。因为错误往往与各种惩罚联系在一起。例如，我们做错一道题目，可能被父母批评，可能被老师要求重做，还可能在同学面前丢脸。错的次数多了，只要想到错题，我们的情绪就会发生波动。面对错题的集合——错题本，我们自然有着情绪上的抵触。

这种负面情绪让我们只记住了犯错不好，却没让我们记住为什么错了。为了避免再次犯错，我们必须正确面对犯错，这需要做到以下几点。

1. 调整关注点

需要把关注点从"我错了"调整到"我错在哪里了"。"我错在哪里了"关联的是具体的解题步骤，而不是各种惩罚，这会让我们的情绪得以缓解。同时，这个关注点会激发好奇心，驱使我们去寻找答案。

2. 巩固正确的解法

之所以反复犯同样的错误，是因为错误的解题思路在我们大脑里的记忆更深刻。做题的时候，稍不留意，就会按照错误的解题思路去作答。为了解决这个问题，就需要在大脑中强化正确的解题思路。

如果时间充足，可以把错题重新做一遍。如果想要节省时间，可以只把错误步骤重新做，或者在大脑中过一遍正确的解题步骤。我们复习时快速地翻一遍卷子，就是在大脑中过了一遍。

3. 消除负面情绪

每次因为做错题被批评，我们都会对错题增加一些负面情绪，从而不愿意接触错题。所以，在复习的时候，还需要消除累积的负面情绪。每复习一次正确的解题思路，就可以想一下，纠正了这个错误就可以拿到几分。

随着多次复习，我们就会逐渐建立起一个信念：这些错题能帮助我们在后续考试中多拿下几分。这样，在我们的大脑中，错题就和收获关联起来，就不会从情绪上抵触错题了。

三、做作业阶段：错题不止于改正

做作业的时候，我们总会做错。有时候，是自己发现做错了，如计算结果明显不对；有时候，是老师帮我们发现错误，打一个大大的叉号。大部分同学都不愿意面对错题，一看到错题就下意识地把目光移开，或者快速翻过去。

导致这种情况的原因有很多。首先，题目做错意味着要重新做一遍。其次，因为做错题，老师和家长会批评我们。最后，对于一些题目，我们都不知道为什么做错了，更不知道正确的解法是什么。所以，一旦面对错题，我们就会觉得沮丧、焦虑、自责，甚至是绝望。

正是这种情绪干扰了我们的思维，使得我们无法思考后续该采取什么样的行动，所以先要解决情绪问题。首先，不是所有的错题都需要重新做。其次，及早发现并改正错误，可以避免日后犯更多类似的错误，尤其是在考试中犯错。最后，老师批评我们，更多是因为我们犯了不应该犯的错误。

解决了情绪问题后，我们就可以按照以下步骤来面对错题，避免日后重复出现类似的问题。

1. 分析原因

很多同学出现错误后，喜欢找一些空泛的理由进行解释，如粗心了、记错了、没想到等。这些理由只能给自己一个心理安慰，没法帮助我们解决问题。所以，要分析每道错题，仔细分析自己错在哪里，为什么错了。常见的错误原因有以下几种。

- 看错题目。有时候，我们会看漏一行；有时候，我们会将文字看错。对于这类错误，我们只需要调整读题方式，如使用指读法。

- 记错知识点。例如，我们把等边三角形的性质错误地套用到等腰三角形上，导致做错了题目。对于这种错误，我们需要着重对待，加强记忆。

- 解题细节有瑕疵。我们经常把这种错误归为粗心，会认为只要自己更加小心，就很容易避免。实际情况并非如此，很多同学一而再、再而三地犯同样的错误，就是因为没有人能时时刻刻保持百分百的专注，避免不出错。这就需要我们在提高专注力等方面采取专门的应对措施。

2. 使用错题本

我们可以将自己犯过的错误集中在一起，形成错题本，再进行归类、整理和分析，从中发现自己出错的规律，弥补自己思维存在的漏洞。对于不同类型的错题，我们整理的方式不同。

对于记错知识点的错题，可以将题目抄写在错题本上，然后在旁边标注错误的原因。在错误原因中，要把误用的知识点和正确的知识点进行对比，找出两者的不同。例如，等腰三角形有两个内角的度数相同，而等边三角形三个内角的度数都相同。最后，在题目下写上正确的解答过程。

对于解题细节有瑕疵的错题，首先我们需要把题目和错误的解答过程都抄写在错题本上，然后将错误的步骤标记出来，并在旁边标注错误的原因。最后要在下面写上避免错误的具体方式。例如，需要以快速验算的方式计算尾数，以发现错误。

3. 复习错题本

错题本的真正价值在于便于日后的复习。很多错误产生的根本原因是我们对特定知识点掌握不牢，如果不进行额外强化，就会反复犯同一个错误。所以，我们还要定期复习错题本。复习的时候，不仅要巩固错题中涉及的知识点，还要对类似的错误进行归纳总结，找出自己容易出错的地方。

例如，分数计算的结果忘记约分、数值后面忘记加单位等问题属于同一类错误，都是丢失了最后一步操作。对于这种情况，就需要对系列操作进行总结，确定最后一步是什么。每次完成特定系列的操作，都要确认是否进行了最后一步操作。这样就可以杜绝类似的错误。

四、考试阶段：改正错误后怎么办

在检查试卷的时候，如果我们突然发现自己答错了，会及时将其改正。在此之后，我们会怎么办呢？有的同学会庆幸自己检查了，然后继续检查其他题目。有的同学则开始担心，其他地方有没有类似的错误，要不要重新检查前面的题目？他越想越担心，甚至出现焦虑情况，反而影响了后续的检查。这时候，我们应该怎么办呢？

1. 平复心情

在发现错误后，首先要改正错误，然后平复心情。在考场上，心中的任何波澜都可能被无限放大，影响作答。当发现自己做错了，我们开始紧张，担心自己能否快速改正。同时心中也有点儿懊悔，自己怎么会犯这种错误呢？当修改正确后，我们开始放松，认为及时挽回了差点丢失的分数。

在短短的几分钟内，我们的心情就像坐过山车，一上一下，一紧一松。这种状态并不利于继续答题。所以，我们需要做几次深呼吸，让心情平复。

2. 分析错误类型

出错的原因有很多，每种原因产生的影响也千差万别。偶然的操作错误可能只影响当下的那道题目，而概念错误则可能影响整场考试。所以，平复心情后，首先需要确定出错的原因。常见的错误有以下两种。

- 记忆错误：有的错误出现是因为我们的记忆发生了偏差，如记错了某个公式、记错了单词拼写、记错了发音。
- 操作错误：有的错误出现是因为我们操作失误，如丢了小数点、少写括号、填答题卡时填错位置。这种错误的特点是没有逻辑性，属于偶然发生。

3. 采取对应措施

确定错误类型后，就要确定检查的范围。记忆错误涉及知识点，可能要检查整张试卷。操作错误往往只影响前后几道题目。所以，我们需要有针对性地进行处理。

- 记忆错误：如果是这种错误，就需要快速回忆试卷的其他位置有没有用到同一个知识点或类似的知识点。如果存在这种情况，就马上进行修改。如果不存在或者想不起来，就按部就班地继续答题或者检查。

- 操作错误：如果是这种错误，就需要检查前后题目是否有相同的错误。同时，还要检查平时容易出现的小错误。检查范围不需要太大，前后各两道题目即可。

所以，在考试的时候，我们发现错误后，不仅要及时改正，还要快速地平复心情，并根据实际情况检查对应的题目，避免犯下相同的错误。

第六章

原则5：平衡理性和感性

　　我们通常使用传统的形式进行学习，如大量阅读各种材料，尝试记忆和掌握各个知识点，这是理性的学习方式。达·芬奇则从艺术的角度延伸出感性的方式，将感性方式和理性方式进行融合，取得了巨大的成就。

第一节　艺术和科学的结合：达·芬奇

达·芬奇有众多职业标签，但都可以归入两大领域，分别是艺术领域和科学领域。在这两个领域，达·芬奇都取得了巨大的成就。不过，这些成就并不是孤立存在的，而是相辅相成的。为了追求更高的艺术水准，达·芬奇进行科学研究，取得海量的成果。同时，在追求科学真相的过程中，达·芬奇的绘画能力和雕塑水平也得到迅猛发展。

一、从艺术到科学

为了绘制出具有真实感的画作，达·芬奇通过几何学研究透视原理。从此，他喜欢上几何学，成为一名数学家，并与卢卡·帕乔利合著了《神圣比例》。为了绘制形象更为丰满的人物，达·芬奇开始解剖尸体，关注皮肤下肌肉、血管、神经的组成，在医学方面取得了大量的研究成果。

艺术不仅帮助达·芬奇开启了科学研究的大门，还成为他进行科学研究的手段。当时，大部分科学家记录自己的想法的方式都是采用长篇累牍的文字叙述和公式推理，而达·芬奇采用的是绘图加注释的形式。他不仅把绘图用于结构展示，还将其作为一种分析工具。

为了研究鸟类，他用绘图的方式记录鸟类的各种飞行姿势，然后从中了解其飞行方式。例如，鸽子翅膀落下的速度快于抬起的速度；石鸡是一种翼展宽、尾巴短的鸟，这种鸟需要用力抬起双翼，调整方向，以便接受来自下方的风力。

同时，由于当时环境所限，达·芬奇的很多想法都无法转化为实物。他将这些奇思妙想画出来，然后仔细分析。以这种方式，达·芬奇发明和改进了各种机械设备，如柱子起重机、汽车的始祖机械车、自动水力锯等。直到约500年后，这些设计对应的实物才被制造出来，其设计可行性才得到验证。

二、从科学到艺术

达·芬奇是韦罗基奥的众多学徒中的一员。他没有出身于艺术之家，却能够脱颖而出，并成为欧洲文艺复兴时期杰出的画家和雕塑家，这与他进行的科学研究有密不可分的关系。

当时的很多画家在绘制肌肉的时候，只画出肌肉突出和粗壮的地方，而没有表现其他地方。这导致画中的人物看起来更像木头，毫无优雅感。而达·芬奇从解剖学入手，充分了解每处骨骼和肌腱在动作中发挥的作用，这使得他笔下的人物看起来非常真实。

同时，达·芬奇作为植物学家，仔细研究过光照对植物生长的影响，以及植物的营养传输方式。他总结出各种规律。例如，叶子总是正面朝上，以便整个叶片表面都能接到徐徐落下的露珠；植物叶子的分布层层交错，以尽量减少互相遮掩。这些规律的总结使得达·芬奇画作中的植物显得非常和谐自然。

达·芬奇还是一位地质学家。他曾研究过水对地貌产生的影响，高山如何被夷为平地，岩石是如何形成的，岩石中的生物遗迹是如何形成的，等等。这使得他的画作显得无比自然和真实。

第二节　平衡带来的全脑学习

很多科学家都有艺术类的兴趣爱好。例如，爱因斯坦喜欢拉小提琴，并且达到了专业水平。他认为："想象力比知识更重要，正是音乐赋予我无边的想象力。"同样是物理学家的理查德·费曼喜欢演奏邦戈鼓，他甚至匿名参加巴西的狂欢节，帮助乐队赢得了大奖。

为什么这些科学家都不约而同地有与艺术相关的爱好呢？这与我们大脑的结构有着密不可分的关系。我们的大脑可以分为左半球和右半球，俗称左脑和右脑。虽然两者在结构上是对称的，但在功能上却不对称。

左脑主要负责句法与语音信息的识解分析，侧重逻辑思维、分析能力、数学能力等，即理性思维。右脑擅长空间感知、发散创造性思维、艺术、语调和非语言信号等的识别理解，侧重感性思维。所以，右脑主导艺术创作，左脑主导科学研究。同时，左脑和右脑也会协同工作。例如，对于大部分人，左脑负责语言的生成和理解，右脑负责语言的节奏和韵律。

拥有强大的右脑可以帮助我们发现和解决各种问题。例如，费曼凭借量子电动力学的成果获得1965年的诺贝尔物理学奖。这个成果源于他在康奈尔大学食堂观看别人扔盘子，他发现，盘子上的红色标志比盘子转得更快。然后，他就思考盘子是如何旋转的，以及为什么会出现这样的情况。

经过大量的推导，他得到了两者的转速比。由此，他又想到了相对论中的电子轨道是如何运行的，从而获得了巨大的成就。最后，费曼感慨："让我得诺贝尔奖奖金的那些图表以及整个事情，都源自那个旋转着的盘子以及那些鸡毛蒜皮的事儿。"

图 6-1　费曼从盘子上得到启发

由此可见，右脑代表的感性思维方式对科学家至关重要。如果说爱因斯坦和费曼对右脑的应用属于无意识和偶然的，那达·芬奇则是主动应用。他以右脑主导的绘图能力作为分析工具，帮助左脑进行科学研究，从而实现超级高效的全脑学习。

第三节　全脑学习促进理解和记忆

虽然我们不具备达·芬奇那样的绘画能力，但是同样可以主动利用右脑，促进学习。

一、助力课本内容掌握：发掘课本插图的价值

课上，语文老师检查同学们的预习情况。小李被抽到并被要求简单叙述《枫桥夜泊》都讲了哪些内容。小李站起来，拿着书，带着略微忧伤的口气回答道："天黑了，作者乘坐的船停靠在枫桥边。月亮落下，乌鸦呱呱地叫了几声，抱怨着漫天的寒气。作者坐在船头，看着江边的枫叶，再看看船上的渔火，却因为发愁而无法入眠。这时候，姑苏城外寒山寺的钟声传来，原来已经是半夜时分。"

老师直夸小李预习得到位，并鼓励大家向他学习。一下课，同桌就问小李看的是哪本参考资料，讲得这么好。"什么参考资料？这不是课本上都有的东西吗？"小李是丈二和尚摸不着头脑，看着

同桌困惑的表情，指着课本中《枫桥夜泊》旁边的插图，说，"左上角红色的是枫树，水边停着两艘船。船上穿着蓝衣服的人是作者，船舱上的黄色是渔火的光。再'脑补'一下画面上看不到的乌鸦和寒山寺，答案不就有了。"同桌听到这里，直竖大拇指。

在看课本的时候，很多同学都忽略了书中重要的内容——插图。课本上的插图都是精心设计、紧扣内容主题、用来烘托气氛的。这些插图遍布每个科目的课本。

例如，某版小学语文课本讲解韵母a、o、e的发音的部分，专门从发音和形状的角度配了插图。图中，一个小女孩抬头挺胸，对着美景感叹"a"，大公鸡则在对面"o"地回应，一只天鹅把头伸向尾巴，水中的倒影形成一个大大的"e"。

这样一幅有趣的插图不仅让我们把a、o、e的发音与人的感慨、公鸡的叫声、天鹅的发音关联起来，还让我们记住了3个韵母的写法。借助这样的插图，我们在一种轻松的氛围中形成了牢固的记忆。

再如，某版小学数学课本讲解了寻找质数的方法——埃拉托斯特尼筛法，专门配了一幅插图。图中，埃拉托斯特尼蓄着大胡子，身着古希腊服饰，拿着一个筛子在筛数字，他满脸开心地看着质数都留在筛子里面，合数都掉在桌子上。

某版初中物理课本讲解动物罗盘，专门以鸽子飞翔作为底图——一群鸽子在一片蓝天中朝着相同的方向飞行。这与主题内容相对应，强化鸽子依靠看不见和摸不着的地磁场来导航。

充分利用这些插图，我们不仅可以加深对知识的理解，还可以强化记忆，从而提高学习效率。所以，在学习的时候，我们一定要结合对应的内容，多观察这些插图。

二、巧记各科公式：公式图形化

从小学开始，我们就开始接触各种公式，如各种面积公式、周长公式。对于公式，我一直通过背诵加"刷"题的方法进行记忆。这个方法很好，能让我轻松应对考试。但是，初中的一场考试让我发现这个方法有一定的问题。

初中数学课上，我们学习了另外一种三角形面积公式——海伦公式。已知三角形的三边长分别为a、b、c，就可以求得周长C。取周长的一半，记作p。三角形的面积S就等于p、$p-a$、$p-b$、$p-c$的乘积的平方根。这是非常复杂的一个公式，不仅涉及三边的长，还涉及周长的一半，还有一个复杂的乘积运算。

由于这个公式需要的已知条件比较多，大部分时候都用不到这个公式。可是，期末考试的解答题却用到了。这让我不知所措了。在考场上，我反复回想，怎么都想不起海伦公式，结果10分的大题就这样放弃了。

出了考场，我和同学说起这道题。同学直说："那就是一道送分题。只要套上公式，你就能得分。"问题是这么复杂的公式怎么记呢？同学瞪大眼睛，诧异地说："这还需要记？"他拿起笔，就开始在纸上画。首先，他画了一个三角形，然后标上3条边a、b、c。然后，他在旁边写上$C=a+b+c$。接着，他写上$p=C/2$。最后，他直接写出海伦公式（见图6-2）。

图 6-2　运用图解巧记海伦公式

每次复习的时候，他都这样画图。不仅针对海伦公式这种复杂的公式，连简单的常用三角形面积公式$S=ah/2$，他都会画一个图。看着他边画边说，我也醒悟了。以前我记忆公式成功的原因在于公式简单。例如，$S=ah/2$只包含面积S、底边长a、高h和一个$1/2$。

而海伦公式就明显复杂一些，它不仅包含的起始条件多（三边长a、b、c），还包括一个中间值（周长的一半p），连最后的计算方式都非常复杂。这就导致大脑只能停留在文字处理层面，而无法自动想象出那个画面。但是，手动将图绘制出来，就能解决这个问题了，各个条件都可以标注在图上，大脑只要侧重掌握乘积规律即可。通过画图，大脑能更好地记住公式，并且自动想象出图解公式的那个画面。

这个方法不仅适合记忆复杂的公式，同样适合记忆简单的公式。熟悉公式在图形中的展现方式，有助于我们处理那些以图形形式出现的题目。

三、巧记抽象数字：数形记忆法

数字总是难以记忆的。例如，我们在小学就学到的圆周率（3.1415926……），即使只取到小数点后第七位数，我们也需要花费大量的时间进行记忆，因为它没有任何规律。类似的难记的知识点还有地理中的各种面积和高度、历史事件发生的时间、物理的各种常量。虽然老师总说，只要用得多，我们就能记住。但用得不够多时，我们有没有办法快速记住呢？

这些数字难记的原因在于抽象，并且字面上没有任何意义。例如，3.1415926只是一长串数字，字面上也没有特定含义。但如果我们把它们变成具象化的东西，并且赋予某种规律，那是不是就容易记忆了呢？基于这个思路，有人发明了数形记忆法，专门用来记忆数字。

数形记忆法是从数字的形状入手，将数字转化为近似的形状，然后进行联想，赋予这些形状特定的含义，以方便记忆。在转换之前，我们需要先观察身边的东西，找出与数字形状相似的东西。找东西的时候，我们尽量多找几个，但一定要严格区分，避免后期混淆。

例如，数字1可以看作任何杆状的物体，如一支笔、一支蜡烛、一根长矛、从侧面看的一堵墙；数字2可以看作鹅、伸头的蛇；数字3可以看作打开的一对手铐或者耳朵；数字4可以看作一面三角旗、风帆或者一艘带有风帆的船；数字5可以看作一个钩子或者衣架；数字6可以看作一棵豆芽或者一个哨子；数字7可以看作镰刀或者回旋飞镖；数字8可以看作一个雪人或者葫芦；数字9可以看作一个气球或者勺子；数字0可以看作大饼或者橄榄球。

当每个数字对应2~3个图形后，我们就可以将需要记忆的数字进行转换。例如，我们需要记忆圆周率3.14159。

（1）将数字转化为特定的图形。在转换的过程中，我们需要考虑数字与图形之间的相关关系。例如，把第一个数字3想象成耳朵，第二个数字1想象成一堵墙，第三个数字4想象成一面三角旗，第四个数字1同样想象成一堵墙，第五个数字5想象成一个钩子，第六个数字9想象成一个气球。

（2）在几个图形之间建立一个逻辑关系。例如，一个耳朵躲在墙根下静静地听着动静；墙上插着一面三角旗；由于没有风吹，三角旗耷拉着；旁边的另外一堵墙上挂着一个钩子；钩子旁边飘着一个大大的气球。

（3）为了加深印象，还需要让画面动起来。例如，一阵风吹了过来，气球不小心撞上钩子，"嘭"的一声被扎破；气球中的空气快速涌出来形成一阵小风，吹向三角旗；三角旗迎风展开，发出"唰唰"的声音，传到耳朵里；而被扎破的气球四处飞舞，落到耳朵的右边，缩小成一个点，吓了耳朵一跳。

图 6-3　数形结合巧记圆周率

经过这样的处理，我们的大脑中就有了一组动画。这组动画不仅有声音、有画面，还有情节，这使得我们一下子就记住了。

总结一下，使用数形记忆法的要点有3个。首先，我们需要为每个数字找到一些形似的物体。其次，我们根据数字相关的信息，选择匹配的物体。最后，我们将物体组织在一起，描述一个有趣的小故事，以加深我们的记忆。

四、辅助古诗背诵：自创图形记忆

我们的大脑非常擅长记忆图形，而不擅长记忆文字。例如，我们可能记得童话《小美人鱼》中的小美人鱼长着长长的头发，但不记得她叫什么名字。这是因为图形可以给我们带来更直观的感受，强化了记忆。虽然语文课本提供了大量的插图，但还是无法满足我们全部的需要。这个时候，我们就需要自己创造一些画面。

例如，要记忆《秋思》："枯藤老树昏鸦，小桥流水人家，古道西风瘦马。夕阳西下，断肠人在天涯。"这是一首很优美的散曲，但并不容易记忆。虽然它描绘了秋日的景象，但其中景物非常多，并不好记忆。下面我们把这首散曲变成一幅风景画，帮助记忆。

首先我们从中找出可以用来绘制的景物元素。例如，提取枯藤、老树、昏鸦、小桥、流水、人家等。在提取过程中，我们需要了解每一样景物的确切含义，避免混淆。例如，昏鸦表示黄昏归巢的乌鸦。

然后将每一样景物安排在合适的位置。例如，把枯藤、老树、昏鸦安排在左边，小桥、流水、人家安排到右边，中间是古道、西风、瘦马，路的尽头是夕阳，断肠人安排到画面的角落。我们尽量按顺序安排，以方便记忆。

最后设定视线游走顺序，默认的观察方式是从左到右、由近到远，根据这个规律调整每样景物的位置。例如，我们的视线从左边地上的枯藤开始，顺着枯藤向上，看到被枯藤缠绕的老树，再顺着老树看到刚归巢的乌鸦。左边看完了，视线转到右边。小桥之下流水潺潺流向前，绕过一处人家。我们再将视线调回中间，古道破旧不堪，西风一阵阵地刮过，一匹瘦马孤寂地往前走。由近及远，古道尽头是即将落下的夕阳，最后视线落在画面角落的天涯断肠人。

这样，我们的脑海中就出现了一幅秋意瑟瑟的画面。如果我们的美术功底不错，还可以将其画出来。这样，只要对着这幅画面，多练习几次，就能记住《秋思》了。为了使画面更生动，我们还可以加入更多的元素，如昏鸦嘈杂的叫声、西风卷起的落叶、流水潺潺的声音、马蹄踩在石板上的嗒嗒声。

有了这些画面、声音，我们就能充分感受秋意传递的淡淡哀伤。这种情绪可以帮助大脑形成更深刻的记忆，记忆效率就得到明显提升了。

第七章

原则6：保持健康的体魄

聪明的头脑离不开健康的体魄。没有健康的体魄，大脑就是无源之水、无本之木。如何长期保持健康的体魄是一个很重要的问题，对我们是如此，对天才的达·芬奇也是如此。

第一节　拥有健康体魄的达·芬奇

在你的脑海中，艺术家有着什么样的形象呢？是瘦小、苍白、见风就倒的文弱模样，还是大腹便便、行走笨拙的肥胖模样呢？德国思想家歌德对达·芬奇的评价是："他相貌英俊，又有出色的体魄，似乎是人的完美典范。"真实的达·芬奇到底是什么样子的呢？

文艺复兴时期的艺术家乔治奥·瓦萨里在他的书中是这样描述的："达·芬奇拥有强大的体力，足以抑制任何剧烈的行为。"有目击者多次看到，达·芬奇可以通过缰绳将狂奔的骏马勒住，还可以徒手将马蹄铁和门环折弯。看到这里，一个肌肉发达的壮汉形象已经出现在了我们的脑海中。

从达·芬奇的笔记中，我们可以看到他非常重视健康。他认为，我们应该为自己的健康负责。

达·芬奇喜欢各种运动，如散步、骑马、游泳、击剑。达·芬奇尤其喜欢马，也喜欢骑马。这也是他对未完成的青铜骑士像念念不忘的一个重要原因。同时，他还是一名出色的厨师。他认为注意饮食是保持健康的关键。他给出了很多饮食建议。例如，细嚼慢咽有好处；只在想吃东西的时候进食；享受美食；吃烹饪好的食物；食物的味道别太辣，也别太重。

达·芬奇健康的体魄是支撑他进行研究的重要保证。他常年在野外进行各种观察和研究，不断地登山、进入河谷。长期的户外生活使得他看起来比较苍老，但他却保持着相当高的健康水平，这与健康饮食和坚持运动的习惯分不开。

第二节　充分运动

在很多人眼里，运动和学习天然对立。运动需要我们站起来，离开书桌。学习需要我们坐下来，守着书桌。但事情就是很奇妙，离开书桌进行运动，反而能让我们学得更好。

一、缓解焦虑情绪：情绪不好就跑个步

在学习过程中，我们总有不开心的时候。例如，上一堂课上回答问题时答错了，想起就懊恼；一直成绩很好，但最近几次的成绩有所下滑，感到焦虑……

这些情况都会让我们不开心，即使拿起书也很难静下心来学习。为了缓解情绪，我们可能尝试过各种办法。例如，看一部电影、看一本有趣的书或者向好朋友吐吐苦水。这样做之后，我们的心情似乎变得好了点儿，但很快又变得糟糕了。这个时候，其实应该做一些有氧运动。

常见的有氧运动包括健步走、慢跑、游泳、骑自行车、有氧操

等多种形式。很多同学会说，我天天骑车上学，没感觉有效果。这是因为运动的强度和时长不够。

首先，有氧运动要求运动达到中等或者中高强度。具体标准是运动时心率应该保持为最大心率的60%~80%。我们可以通过佩戴智能手表或者手环监测自己的心率。另外，有氧运动的心率并不是越高越好。[①]其次，还要控制有氧运动的时间。时间太短，起不到缓解情绪的作用；时间太长，会给身体造成太多的负担，影响后续的学习。最后，每周只需要进行3~5次有氧运动，每次持续30分钟即可。

所以，我们可以每周给自己做一个计划，安排自己进行3次有氧运动。例如，在周二、周四、周六傍晚慢跑30分钟。如果我们觉得现在不开心，也可以马上来上一场有氧运动。

二、提升认知能力：课间操大有裨益

我上中小学时，每天上午都有课间操。学校要求除值日生之外的每个同学都去做操。结果，很多同学都逃课间操。有人躲在厕所，蹲到腿麻；有人跑到医务室，对医生死缠烂打，想开假条；有人则是抢着做值日，以逃避做操。

当时我也想逃，但是被老师盯得太紧。只要我不去，老师总要点名。后来，我做课间操时间久了，也喜欢上了这项简单的运动。

---

① 根据《中小学生体育锻炼运动负荷卫生要求》，中小学生在运动中的适宜平均心率范围为130次/分~170次/分，但实际生活中每个人情况不同，请根据自身情况，在安全范围内进行体育活动。

因为做完之后，我明显感觉头脑又变得清醒了，不再混混沌沌。如果因为下雨、下雪不能做课间操，我明显感觉之后的学习状态不是特别好。后来，我查阅各种资料，发现课间操确实有益于学习。

曾有运动心理学家做过相关实验，研究课间操对认知能力的影响。他将30名大学生随机分为3组。第一组大学生被要求每周做3次课间操，第二组大学生被要求每周做5次课间操，第三组大学生被要求不做任何规律的身体活动。同时，这些学生的其他活动保持一致。实验结果表明，在认知领域方面，第三组明显退步，第一组和第二组明显提升。同时，第二组的提升大于第一组。

这种认知能力的提升包括抗干扰能力、反应速度和注意力的提升。国外心理学家在做过专门的实验后发现，运动10分钟能提高我们的反应速度，运动20分钟能提升我们的注意力和抗干扰能力。

所以，尽量不要错过课间操。只要做几分钟的课间操，就会拥有更好的学习状态，进行更高效的学习。

第三节 健康饮食

饮食是大家容易忽视的一个问题。从表面看，它与学习没有直接关系。实际上，吃好一顿饭就可能让我们的成绩轻松提升。

一、保证能量主力：三餐一顿都不能少

身体哪个器官最消耗能量呢？那绝对是我们的大脑。对于成年人来说，虽然大脑的重量只占身体总重量的2%，但它消耗的能量却占了全身消耗总能量的20%～24%。当我们学习的时候，大脑也在努力地工作，并会消耗大量的能量。当能量不足时，大脑就会偷偷地怠工，减少对学习非常重要的心理活动，如自控、决策等。这时候，我们就容易出现走神、发呆等行为。

图 7-1　"耗能大户"大脑

　　为了给大脑补充能量，我们需要摄入能量。其中，最重要的途径就是一日三餐。一日三餐这么重要，我们却总是很难保证能吃好。统计数据显示，有20%～30%的人不吃早餐。而在生活中，很多同学在一天中也会少吃一顿，不是少吃早餐，就是少吃晚餐，甚至有人不吃午餐。少吃一顿的原因五花八门，但总结下来有以下几种。

　　例如，早上起晚了，担心上学迟到，怎么办呢？今天的早餐就省了吧。中午，大家统一在学校吃饭，结果学校的饭菜味道一言难尽，怎么办？午饭省了吧，等到晚上我们回家再好好吃吧。晚上，我们担心长胖，有时就吃个苹果。当然，也有人为了节省出零花钱，少吃一顿饭。

　　大家或许认为少吃一顿饭对学习没多大影响。但实际研究数据却证明事实并非如此。吃早餐对我们提升认知能力和学习成绩都有诸多好处。国内教育学家曾经对江苏部分中小学生进行调查，研究吃早饭与学生成绩之间的关系。数据表明，每天好好吃早饭的学生的平均成绩比不吃早饭的学生的平均成绩更高。

再者，很多同学少吃一顿饭，只是为了控制体重。大家有这样一种认知，只要少吃一口，就能少摄入一点能量，有助于控制体重。但营养专家的研究结果截然相反，少吃一顿饭其实更容易导致体重增加。实际上，日本相扑运动员就是专门通过不吃早饭的方式增加体重，从而增大赢得比赛的胜算的。

二、及时补充水分：警惕饮料

在学校，你一天喝多少水呢？很多年前，学校没有饮水机，也不提供饮用水。那时候，大家只有在夏天才会自带一壶水，其他时间只能渴着。现在学校都配了饮水机，但是很多同学还是不喝水。不喝水的原因有很多：有的同学是忘记带水杯了；有的同学是不想总是上厕所；有的同学喝不惯白水，只想喝饮料。结果，一个小小的口渴问题，导致很多同学的学习效率低下。

在人的身体中，水占人体比重的50%～90%（年龄越大，比重越小）。它起着营养物质输送、废物清除等众多作用。人可以不吃饭，但不能不喝水。一旦进入脱水状态，我们的注意力就会受到影响，短期记忆能力也会降低，这两者会导致学习效率直线下滑。因此，很多学校专门在教室设置了饮水机，为学生提供饮用水。而很多同学喜欢喝各种饮料，不爱喝白水。虽然饮料可以补充水分，但会带来其他问题。

首先，大部分饮料都含有大量的糖分。这些糖分会让我们觉得很开心，但当糖分进入血液中，会引发血糖的快速波动。当血糖过低的时候，人的自控和决策能力会减弱；当血糖过高时，大脑又会变得迟缓。所以，喝完高糖的饮料，我们会短暂地感到开心，然后就会觉得自己似乎学不动了。

其次，很多饮料含有咖啡因。这种物质会让我们变得兴奋，对对抗疲劳有一定的好处，但它容易影响我们的正常睡眠。尤其是晚上，应该避免喝含有咖啡因的饮料。

在学习中应该如何正确地补充水分呢？我们需要做到以下几点。

- 在学校时，在每个课间都喝一些水。在家中，一到两小时就喝一次水。每次喝水量不用太多，一天的喝水量保持在1500毫升左右即可。

- 尽量少喝饮料，尤其是不喝高糖或者含有咖啡因的饮料。如果需要补充糖分，我们可以调整膳食、均衡营养，比如通过吃适量的水果进行补充。

- 运动过后，要及时补充水分。在运动过程中，我们会通过出汗等多种方式失去水分，容易进入脱水状态。这个时候，我们需要喝水，让身体恢复正常状态。

第四节　保持充足的休息

　　睡眠是每个人的必需品，它能让大脑得到充分的休息和恢复。但是，很多人都忽略了睡眠对学习的重要性，很多人总是压缩自己的睡眠时间去做别的事情，导致低效学习。

一、晚上睡足觉：神清气爽好学习

　　每次下大雪后，道路就容易拥堵，上学时，我们需要在路上花费更多的时间。如果道路上的积雪得到快速清理，一切就能恢复正常。在这个过程中，环卫工人为道路畅通做出了巨大的贡献。我们的大脑也存在类似"扫雪"的机制。

　　在我们清醒的时候，大脑不断地完成各种工作。同时，大脑也会产生各种垃圾——代谢物。为了清理这些垃圾，大脑每天要产生大约半升的脑脊液，用来"洗刷刷"。由于清醒的时候，大脑要完成各种工作，因此"洗刷刷"主要在晚上睡觉时进行。

图7-2　长时间清醒让大脑无法"清理垃圾"

　　如果大脑的代谢物得不到清理，就像道路上有积雪，大脑的运行就会受到影响。有时候，这种影响很难被我们觉察。例如，前一天晚上没睡好，我们感觉自己是清醒的，可以正常上课，并完成作业。但实际上，大脑要比平时花费更多力气才能维持这种正常状态。

　　为了保持这种状态，大脑会自动做一些舍弃，如减少更费脑力的横向思维。在学习中，横向思维非常重要，它可以让我们以多种角度理解一个知识点。例如，学习单词big时，我们按照默认的学习方式，只会学习单词的发音、拼写、含义。如果有了横向思维，我们学习单词big时，会联想到bi开头的单词有bit、bite，以ig结尾的单词有dig、fig，反义词有small，同义词有huge。在这种模式下，我们学习一个知识点，会同时关联几个、十几个知识点，这会使得我们的学习效率提升很多。

由于睡眠不足，很多同学的学习效率很低。他们花费更多的时间来理解课上的内容和完成作业，经常学习到深夜。这又导致他们没有充足的睡眠时间，从而形成恶性循环。为了避免陷入这种恶性循环，我们就需要保证晚上的睡眠。

首先，我们需要保证晚上的睡眠时长，如7~13岁的少年儿童晚上需要睡够8~9小时。其次，我们需要有固定的入睡时间和起床时间。最后，我们需要保证睡眠质量，如保证睡眠期间没有光线、噪声的干扰。

只有连续几天睡眠充足，我们才会感受到睡觉的好处。这时候，我们会觉得神清气爽，脑袋特别灵光，老师讲什么，我们都能马上反应过来。

二、中午睡半小时：避免喝酒式学习

酒精会麻痹大脑，影响我们的判断力和思考能力，这是大家都知道的道理。同样，我们也知道，喝酒对学习不好。但是，很多同学却在学习中"喝酒"，甚至是在"醉酒"的状态下学习。

科学家曾经做过实验，研究表明，24小时无睡眠的状态相当于血液中的酒精浓度达到0.1%。

这意味着，如果我们早上6点起床，晚上熬夜学习，到了深夜还不睡，那就是"酒驾式学习"。在这种状态下，我们的学习效率可想而知。那为什么会出现这样的情况呢？

在我们清醒的时候，大脑会自动产生一种化学物质——腺苷。它参与管理我们的睡眠。早上醒来的时候，大脑中腺苷的浓度最低，随着清醒时间的增加，腺苷的浓度越来越高。当我们开始睡觉的时候，腺苷就会被逐步清理，其浓度将降低。

腺苷会抑制大脑兴奋，降低大脑的运行效率。当腺苷的浓度很高时，我们会明显感觉想睡觉。例如，前一天晚上没睡好，第二天上午就很容易犯困。这就是腺苷浓度升高导致的。因为前一天晚上没睡好，大脑中的腺苷就没有足够的时间被清理，所以浓度偏高。第二天，我们才保持清醒2小时，腺苷浓度就会变得很高。

在犯困之前，大脑已经开始受到影响了。例如，我们经常会发现，在上午的前两节课上，自己精力旺盛；到了后两节课，我们就有点儿疲惫了。这时我们的学习效率开始下降，如果不及时休息，学习效率会持续下降，这就需要我们在中午来一场午睡。

在午睡的过程中，大脑会清理积存的腺苷，从而降低腺苷的浓度。醒来之后，大脑又可以高效率地工作了。

三、放松大脑很重要：警惕虚假式休息

如果学累了，该怎么休息呢？大家可能都会干点儿其他事情，让大脑放松一下。如果在学校，我们可能会看会儿其他科目的内容，或者写会儿其他科目的作业。如果是在家里，我们可能会看会儿漫画，看会儿手机，玩会儿游戏。

这些方法有没有效果呢？似乎有点儿效果，因为做这些事情的时候，我们感觉还不错；但似乎又没效果，因为过一会儿，我们又会觉得累，甚至更累。实际上，做这些事都是虚假式休息，根本没有缓解疲劳。

在学习的过程中，我们接受了大量图文类的信息，供大脑进行处理。当我们感觉累的时候，负责处理图文的大脑脑区已经疲惫不堪了。这个时候，无论是看书、写作业，还是玩游戏、看漫画，都是在继续大量输入图文类信息，大脑中疲惫的脑区根本得不到休息。

我们使用这些方法觉得有效，只是一种错觉。例如，更换的不同科目会带来一点儿新鲜感，看漫画、玩游戏会带来一些愉悦感，但这时大脑仍然忙着处理输入的大量信息，没有得到真正的休息。真正有效的办法是运动10分钟或者假寐10分钟。

图7-3 不同的休息方式

- 可以站起来运动10分钟。运动方式有很多种。例如，可以下楼走一圈，呼吸一下室外的空气；也可以站起身，在室内走几圈，或做几次深蹲、几个俯卧撑。运动不仅可以激活大脑的不同区域，还可以促进新陈代谢，让大脑获得更多的能量。

- 可以假寐10分钟。在教室里面，可以闭上眼睛，趴在桌子上。在家里，可以以最舒服的姿势躺在沙发上，然后闭上眼睛。在之后的10分钟内，不用刻意地去想任何事情，只要保持安静。如果脑袋里面有太多的事情在翻滚，可以试着感受自己的呼吸。这样，通过减少信息的输入，我们的大脑才能得到真正的休息。

第八章

原则7：拥有组合的力量

每接触一个新科目，大部分同学都会越学越累，越学越迷糊，但有的同学则越学越轻松。形成这种差别的原因之一在于是否拥有组合的力量。拥有了这种力量，我们就拥有了知识体系，可以轻松理解每个知识点，搞定各种复杂的应用题目。这种力量也是达·芬奇奇思妙想的源泉。

第一节 拥有奇思妙想的达·芬奇

达·芬奇的很多成就远超他所在的时代，这都源于达·芬奇有着无数的奇思妙想。在他的笔记本中，不同主题的内容会出现在同一页中。例如，一幅人物的简笔肖像画下面绘制着树干和树枝，二者看似无关，但达·芬奇却是在思考人体血液系统与树木分枝是不是有相似性。

一、达·芬奇的恐怖盾牌

有一天，一个朋友带着一个自己做的圆形盾牌找到达·芬奇的父亲皮耶罗。他希望达·芬奇能在上面绘制一些图案，以震慑敌人。皮耶罗拿着盾牌找到达·芬奇，达·芬奇开始思考绘制什么样的图案才能把敌人吓住。

为此，达·芬奇收集了一些奇奇怪怪的动物图案，如蜥蜴、蟋蟀、蛇、蝙蝠等。过了几天，皮耶罗来询问盾牌绘制的进度，达·芬奇掀开身旁的罩布，露出下面的盾牌。皮耶罗被吓得连续退了几步——盾牌上盘踞着一个丑陋而可怕的怪物。

这个怪物张开血盆大口喷出毒气，赤红的眼睛冒着火焰，丑陋的鼻子冒着浓烟。整个怪物似乎刚从地狱中爬出来，让人不敢直视。过了好一会儿，皮耶罗才平复心情，开始仔细分辨整个图案。图案中怪物的每个部分都来自那些奇奇怪怪的动物。每个部分单看并不会让人感觉害怕，但是经过达·芬奇天才般的组合，就变成了一个恐怖的怪物。

皮耶罗认定，这个盾牌已经不是一个普通的盾牌，而是一件艺术品，肯定会受到贵族的青睐。于是，他重新买了一个盾牌送给朋友。然后，他以100个金币的价格，把这个盾牌卖给了一个商人。后来，米兰公爵发现了这个盾牌，又以300个金币从商人手里买下来，将其变成自己的一件收藏品。

二、达·芬奇笔下的龙

小时候，我的老家在正月期间都有舞龙表演。伴随着敲鼓声，几十米长的"龙"被十几个人擎起来，开始舞动。每个舞龙队都有自己的"龙"，每条"龙"都有各自的特点，但从来都不会让人感觉违和。上学后，我才知道龙是一种传说中的生物。我真佩服古人的智慧，能想象出一个不存在的动物，还让大家坚信它是存在的。

同样的事情也发生在欧洲。同我们一样，他们也坚信龙是存在的。这是如何实现的呢？达·芬奇在笔记中揭开了这个秘密（见图8-1）。他说，如果你要创造一个不存在的动物，那就要给它创造出完备的身体部位，其身体部位必须类似于其他真实存在的动物的身体部位。

图8-1　达·芬奇笔下的龙

　　例如，你要创造龙，那龙的身体部位就应该是完备的。比如它的头可能像獒或者猎狗，眼睛像猫，耳朵像豪猪，鼻子像狗，眉毛像狮子，脖子像乌龟。只有这样，大家才会相信龙是存在的。

　　实际上，东方的龙也具有同样的特点。早在宋代的《尔雅翼》就有类似的描述：角似鹿、头似驼、眼似兔、项似蛇、腹似蜃、鳞似鱼、爪似鹰、掌似虎、耳似牛。其中，除了蜃，其他8种动物都来源于现实生活。

　　根据现实中的动物构造出神话中的龙，这就是组合的力量。这种组合思想贯穿达·芬奇在各个领域的研究。例如，通过观察试验、联想类比、逻辑推理等多种方法，他将树的年轮和贝壳的纹路"组合"在一起，发现计算动物和植物的寿命的方法；他将干瘪的橘子和老年人的血管"组合"在一起，发现动脉硬化疾病的存在；他把人的大腿肌肉和野兔的后腿"组合"在一起，提出人类与哺乳动物有着相似的身体结构。这种组合思想同样适用于我们的学习，能让我们从实践中有更多的收获。

第二节　学习必备的组合工具

在组合的时候，我们往往要面对几个、十几个项目或者知识点。这时候，不能单纯依赖大脑，而需要一些专用的工具和方法，如结构图、流程图和思维导图。

一、构建知识体系：结构图

在记生字、背单词的时候，很多人都有这样的一个认识：需要记忆的内容越多，花费的精力越多。例如，记下面12个词语（第一组）需要花费比较长的时间。

- 方阵、恒星、慧眼、教务、抗洪、廉价、满员、木偶、劈刀、纤夫、声调、树木

如果换成以下12个词语（第二组），大家会觉得记起来简单一些。

- 红色、面包、铅笔、蓝色、米饭、尺子、绿色、馒头、橡皮、紫色、包子、圆规

如果将上面12个词语调整为以下顺序（第三组），我们会惊奇地发现，记起来更简单了。

- 红色、蓝色、绿色、紫色、面包、米饭、包子、馒头、铅笔、橡皮、尺子、圆规

同样是12个词语，每个词语都由2个字构成，为什么记忆的难度明显不同？尤其是第三组词语，只是在第二组的基础上调整了一下顺序。为什么就变得更简单了呢？这是因为大脑更擅长记忆那些有组织的知识。当我们把信息按照某种逻辑进行组织后，我们的记忆效率能提高2~3倍。

例如，第一组词语没有任何规律，非常难记。第二组词语可以分为颜色、食物、文具3类，这让记忆难度降低了许多。第三组词语完全按照颜色、食物、文具的顺序出现，则大大降低了记忆负担。

在学习中，我们最常用的组织方式之一就是按照层次关系进行组织，形成结构图。例如，第三组词语绘制为结构图如图8-2所示。

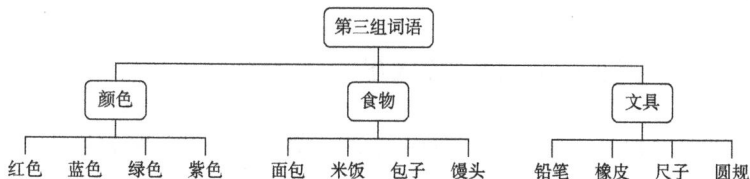

图8-2 词语绘制结构图

当我们学习的知识足够多的时候，我们就需要将知识分为更多的层次。例如，我们学习平面图形的相关知识就符合这个特性。平面图形位于最顶层。根据边数，平面图形可以分为三角形、四边形、多边形。三角形还可以按照角度和边进行分类（见图8-3）。

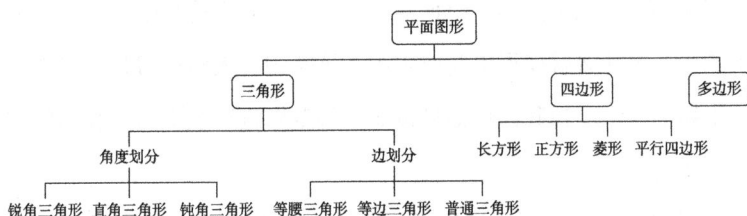

图 8-3　平面图形分类结构图

结构图不仅可以帮助我们记忆，还可以加深我们对知识的理解。例如，长方形、正方形、梯形、平行四边形被归为四边形，是因为它们都有4条边。锐角三角形、直角三角形、钝角三角形被归为一类，但彼此之间没有隶属关系，是因为它们有着明确的不同，即是否有直角或者钝角。

二、梳理来龙去脉：流程图

很多知识之间并没有明显的层次关系，而更多是平级关系。那么如何将其组合在一起，形成一个有关联的整体？这让我想起我的朋友王老师分享的汉字记忆小技巧。他以"京""景""影"3个字为例，讲解这3个字之间的关系。

他首先分析了"京"字。在古代，为了预防洪水，人们会把重要的建筑修建在高台上，如粮仓、皇帝居住的宫殿等。这类建筑用"京"字表示，其中，下面的"小"就是高台的3条棱，上面的"亠"是冒尖的屋顶，中间的"口"是建筑本身。由于古代生产力落后，只有首都才能大量修建带有高台的建筑，所以"京"逐渐演变为特指都城。

在古代，自然景观到处都是，很多人更喜欢看人造景观，如高台上的建筑。由于条件限制，人们看景观只能在白天。所以，在"京"字上面加一个日，就表示景观。在太阳下，高台上的建筑会产生很大的阴影，所以人们又在"景"的右边加上"彡"。这像不像素描中的阴影添加方式呢？

从"京"字到"景"字，再到"影"字，体现的并不是知识之间的包含关系，而是变化、发展的关系。这时候，我们可以使用流程图表示，使用一个方框表示一个知识点（如一个汉字），使用箭头表示发展方向，在箭头上标记发展的方式（见图8-4）。

图8-4 汉字记忆小技巧

这样，我们就用流程图表示出了3个字之间的关系：先有表示高台上的建筑的"京"字，再有表示在白天看景观的"景"字，最后有建筑遮挡光形成影子的"影"字。

在英语学习中，我们也可以发现大量类似的例子。例如，单词arm最早只表示胳膊和类似胳膊的臂状物，后来衍生出新的意思——手持的各种武器。表示武器的单词arm又衍生出单词armor和army，分别表示盔甲和军队（见图8-5）。

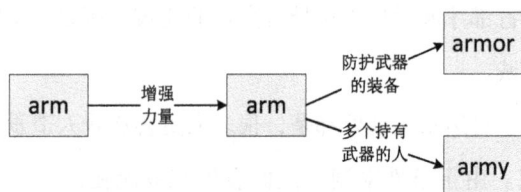

图8-5　单词记忆示意图

在流程图中，演变的方向不仅可以是单向的，还可以是双向的。例如，固体、液体、气体三态之间的互相转换就是双向的。固体到液体的变化称为熔化，液体到固体的变化称为凝固；液体到气体的变化称为汽化，气体到液体的变化称为液化；固体到气体的变化称为升华，气体到固体的变化称为凝华（见图8-6）。

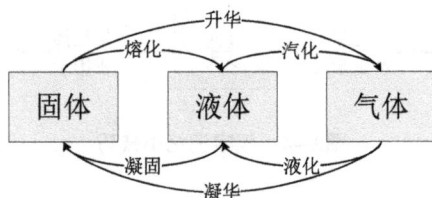

图8-6　概念记忆示意图

这样一幅流程图就将三态的6种变化清晰地展现了出来，远比一段文字更容易理解和记忆。

三、突破文字的局限性：思维导图

老师经常讲："学知识，要融会贯通。"那我们该如何做呢？我曾辅导过一个学生小罗，遇到单个公式、定理，他都可以轻松地说出来，但是将这些知识点融合到一道题目中，他就搞不定了。例如，题目要求计算三角形的面积，他已经推导出其中一个角是直角，并且计算出了两个直角边的长度，但他还是求不出面积。我问他是怎么回事，原来他还停留在普通三角形求面积的算法上，在寻找所谓的底和高。这是为什么呢？

后来，我想明白了其中的原因——小罗受困于文字的局限性。我们往往使用文字来表述各个知识点，例如，我们将同一平面内不在同一直线上的3条线段首尾顺次相连的封闭平面图形称为三角形。"三角形"这3个字清晰地体现了三角形包含了3个角，但却没有充分展现构成三角形的3条边以及3条边围起来的面积。这就是文字的局限性。

小罗无法将各个定理组合在一起，融会贯通，也是因为这个原因。在他的眼里，直角三角形就是两条边之间的夹角为直角，而三角形的面积公式是"底乘以高除以2"。由于直角边、底、高是不同的文字表述，所以他将两个知识点分开看待，而没有融合在一起。

要解决这个问题，我们就需要突破文字的局限性，回到图形本身。面对图形本身，我们重新梳理知识点，会发现知识点之间的关系。下面，我们以三角形为例，梳理一下我们学过的知识点。

（1）准备一张A4纸和几支彩笔。

（2）在纸张中央，首先绘制一个三角形，然后标记3条边分别为a、b、c，标记3个顶点分别为A、B、C。

（3）从三角形拉出一个箭头，写上"角"，并在"角"字下面写上"$\angle A$、$\angle B$、$\angle C$"。

（4）从"角"字上拉出3个箭头，分别写上"锐角""直角""钝角"，并在每个角的类型下分别画一个小的图示符号。

（5）从"锐角"拉出一个箭头，并写上"$0° \sim 90°$"。同理，我们分别标出直角、钝角的度数。到这里，我们就把三角形的角的基本特性都梳理完了。

（6）使用同样的方法，再从三角形拉出两个箭头，分别写上"边"和"面积"，并写出对应的基础特性。

（7）开始寻找各个知识点之间的关系。例如，等边三角形的3个角都是$60°$，所以3个角都是锐角。从"$0° \sim 90°$"处拉出一个箭头，写上"$60°$"，然后从"等边$a=b=c$"处拉出一个箭头，指向"$60°$"。

（8）用同样的方法，我们可以在不同知识点之间添加更多的箭头连线。

最后，我们就得到了一幅基于三角形图形的知识体系图（见图8-7），这就是大家常说的思维导图。不同于结构图和流程图，思维导图不仅使用文字和箭头表示知识点之间的关系，还大量使用各种图形和符号，图形和符号可以更直观地展现知识点原本的面目，从而避免文字的局限性。

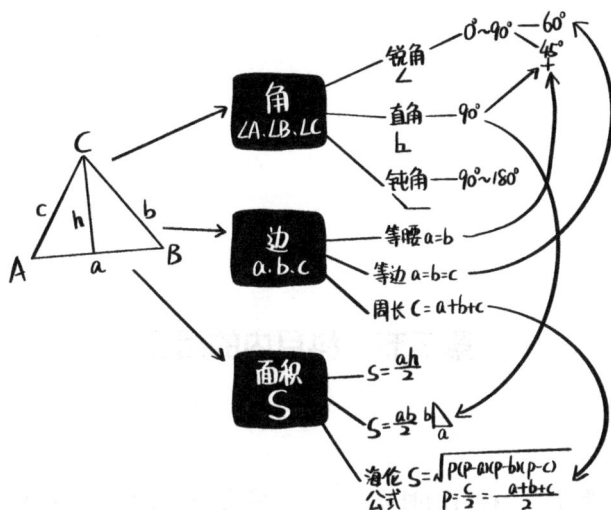

图8-7　三角形知识体系思维导图

同理，思维导图也可以用于诗歌背诵。

第三节 科目内的组合

在学习一个科目的时候，老师经常会告诉我们，一定要搭建知识框架。知识框架是将科目按照知识体系进行组合，这种组合不仅可以帮助我们理解和记忆，还有助于解答各种复杂的题目。除此之外，我们还可以对各种条件进行组合，以搞定各种难题。

一、汉字笔画的组合：消灭错别字

三年级的小白曾经是一个"错字大王"。写字的时候，他不是多写了笔画，就是少写了笔画，他甚至连自己的名字都会写错。因为这个问题，他被老师罚抄过很多次，但仍然是错误频出。有一次，我让他默写生字，就发现了一个奇怪的现象。

当遇到不熟悉的字时，他写的速度明显变慢。这时候，我发现他的嘴似乎在动，我就问他在念叨什么。他说："我在念笔画。"天啊！难怪他写字老出错，他竟然直接以笔画来记汉字。只有少数简单的字适合使用以笔画来记忆。对于复杂的汉字，使用笔画记忆那简直是费力不讨好。

我们书写的大部分汉字的笔画数在6～21。根据德国心理学家艾宾浩斯的研究，随着记忆内容长度的增加，记忆所需要的工作量呈指数级增加。所以，以笔画来记忆汉字，字的笔画越多，越难以记忆。同时，由于笔画只有几类，直接以笔画记忆，也容易混淆。

图8-8 汉字笔画统计示意图

一种有效的记忆方式是将笔画组合起来，作为一个字形，根据不同字形进行记忆。根据字的复杂程度，我们可以将汉字分为两类进行记忆。

1. 独体字

独体字是无法拆分的字，如日、月、山。这类字有200多个。通常，这类字的笔画较少，主要集中在6画以内。但是，为了方便，我们还是可以从形状角度记忆这类字。独体字包含象形字和指事字两大类。

象形字是从物体形状演化而来的文字。例如，"丁"字就是一个象形字。在很久之前，丁表示钉子。"丁"字上面的一横表示钉头，中间的一竖表示钉身，下面的钩表示钉尖。

指事字是在象形字的基础上，增加或减少笔画形成的。例如，"上"字就是一个指事字。最初，"上"字写作"二"，下面的一横表示地面，上面的一横表示地面之上的东西。后来，人们在"二"的基础上加了一条竖线，将两条横线连了起来。这一竖超过上面的横，表示可以再往上，但没有超过下面的一横，表示不能再往下。

2. 合体字

我们接触的大部分汉字都是合体字，它们由两个或者多个独体字构成。例如，"说"字由"讠"和"兑"两部分构成。这样，记忆"说"字，就从记忆9个笔画变成了记忆两部分。同时，每个部分又可以按照独体字进行记忆。如果已经掌握了这两个部分，则可以很轻松地记住"说"字。

所以，记忆汉字的时候，尽量将笔画组合起来进行记忆。对于独体字，可以根据笔画组合后的形状进行记忆。对于合体字，可以先将其拆分，记忆单独的每个部分，然后组合起来进行记忆。

二、不同角度的组合：避开竖式填空题的计算泥潭

在小学时，我们经常做竖式填空题，拿到题目，我们就开始寻

找线索。一旦有了线索就一头扎进去，开始各种尝试。面对下方的题目，我们很容易找到线索——2。然后开始依次尝试所有能产生尾数2的运算，如2×1、2×6、3×4、6×7、8×9。尝试过程需要大量计算，花费大量的时间。有一次，我没法动手计算，却发现了更好的求解方式。

当时，我正要做这道题目，却被值日生撵出教室，因为我妨碍了人家扫地。拿着习题册，我只能在教室外走来走去。由于没法动笔计算，我只能瞅着题目，在大脑中"空想"。

（1）被除数是3位数，第一位是1，第三位是2，那么，被除数只能是102、112、122、132、142、152、162、172、182、192。

（2）商和除数都是两位数，可能的范围为10~99。被除数最小是102，最大是192。所以，商和除数不能等于或者大于20，否则即便是以2开头最小的两位数20与最小的两位数10相乘，结果也会大于192。这样，商和除数的第一位必须是1。

（3）由于余数为0，所以商的第二位数和除数的第二位数相乘，得到的数字的第二位必须是2，那么除数的第二位数和商的第二位数的组合就有了2和1，2和6，3和4，6和7，8和9这5种组合。对应的除数和商的组合只能是11和12，12和16，13和14，16和17，18和19。

（4）由于14的平方是196，已经大于被除数的最大可能192，所以16和17、18和19的组合就被排除，只剩下11和12、12和16、13和14这3个组合。

在整个过程中，我只计算了几次，就得到了最有可能的3组答案。如果不通过这样的思考直接上笔计算，我可能要验证十几种甚至几十种情况，从而陷入计算的泥潭，我非常感谢值日生"粗暴"地将我撵出教室。现在来看，当时我就是在反复地借助组合的力量。

第四节　科目间的组合

学校老师教授知识的时候，每个科目是分开的，但学习的时候，不同科目的知识是可以交叉在一起的，有一些交叉是众所周知的。例如，语文培养的阅读能力可以用于其他科目的审题，数学培养的计算能力可以用于其他科目的计算。有一些知识或能力的交叉则隐藏得很深，需要我们自己挖掘。

我们可以运用"语文+历史+地理"的组合法，巧记文言文。

哪个科目的内容最难记？许多同学会回答是语文。语文中最难记的是什么？许多同学会回答是文言文。背诵几百字的文言文可能要花几个小时，甚至几天。即使背会了，我们也可能过几天就都忘记了。但这个问题在我的同学小赵身上却根本不存在，他背诵一篇文言文只要几十分钟。

有一次，老师讲完《岳阳楼记》，照例要求全文背诵。我小声说了一句"好难啊"，被小赵听到了，他说："这有啥难的。"我反问一句："那你说怎么背？"小赵翻开书，指着课文说："背诵之前，先读懂每句话、每个字。"然后，他开始解释第一句。

"庆历"这个年号是怎么来的呢？"庆历"之前的年号是"康定"，寓意是富足安定。结果，公布年号后，宋在与西夏的宋夏战争中被打得节节败退。宋朝官员觉得"康定"这个年号不吉利，就要求改一个年号，于是就有了"庆历"这个年号。

在"庆历"两个字中，"庆"表示喜庆、吉庆，"历"表示时代、年代。两个字连起来，表示美好的年代。改完年号之后，宋朝的气运似乎变得好了一些。庆历四年，宋和西夏达成了和平协议，双方都罢兵。刚好在这次战争中，滕子京获得崛起的机会。

滕子京姓滕，名宗谅，字子京。在古代，平辈之间是不直接称呼姓名的，人们认为指名道姓是一种不尊重别人的行为，所以作者用的是滕子京，而不是滕宗谅。西夏侵宋后，滕子京被调到甘肃防御西夏军队。由于滕子京非常有能力，善于治理地方，还懂军事，带领军队取得了很多战功。庆历三年，滕子京被调到京城，进入中央。

由于滕子京支持范仲淹主持的庆历新政，被保守派攻击和诬陷，被赶出京城并一路降职，最后被贬到岳州任职。岳州在今湖南岳阳，在宋朝的时候，岳州并没有很好地被开发，属于偏远地区。官员被派往这里任职，有流放的意思。这就是滕子京的"谪守"一说。而在魏晋时期，岳州被称为巴陵郡。作者为了押韵，使用了巴陵郡，而不是岳州。

小赵解释完了，问我："怎么样？"我好奇地问："你怎么知道这么多？"小赵把书一合，追问："你就说，我这样解释完，你把这句记住了吗？"事情还真像他说的那样，我记住了。小赵走开后，我却开始思考。后来，我才想明白其中的奥秘。

文言文难以记忆，主要是因为它记录的都是当时、当地发生的事情，如果我们缺乏对那个时代和那个地方的了解，就很难真正理解文字的意思，甚至产生错误的理解。例如，在《过华清宫绝句三首·其一》中，唐代诗人杜牧写道："一骑红尘妃子笑，无人知是荔枝来。"我们可能会认为，荔枝是从岭南（今广东）运到长安（今西安），大约需要走1600千米。以那时的运力，一箩筐的荔枝都坏得差不多了，剩不了几个。但实际上，蜀地（今四川）也产荔枝。通过蜀道，快马只要6~7天的时间就可以把蜀地产的荔枝送到长安，还能保持荔枝的新鲜。

后　记

领读者说

我终于赶在2024年春节前，完成了这本书的写作。春节之后，我又能将工作重心转回"领读者说"。"领读者说"是我们从2014年开始开展的公益领读者培训。在培训中，我们倡导陪孩子一起"读万卷书，行万里路"，给孩子最浪漫的教养。到现在为止，我们已经举办了近200场各种形式的活动。

我们为孩子们组织公益故事会，为父母开办家长讲座，为山区儿童、特殊儿童、留守儿童和困难家庭组织公益爱心活动。同时，我们也为普通家庭的孩子做成长规划。

成长规划中包含了帮助孩子掌握各种学习法，如达·芬奇学习法、思维导图学习法、视觉笔记。同时，我们致力于把成长规划构建成一个更为完整的系统。其中，有对每个家庭教育微环境的评估，有对孩子和父母优势的分析，有对孩子心理能量的提升，也有对同伴关系的讲解。在此基础上，我们根据孩子的兴趣，为他在学业、学校、学科、学习力等方面进行全方位规划，形成一个完整的儿童成长规划的闭环。

这种形式不仅可以帮孩子找到合适的学习方法，让他们爱上学习，还能帮助家长对整个家庭进行一次系统的梳理，找到问题、解决问题，然后考虑如何激发孩子的好奇心，以增强孩子对学习的兴趣。这样，孩子就能像达·芬奇一样，在自己感兴趣的领域成为终身学习者、探索者和创造者。

在创办"领读者说"的10年间，不论遇到怎样的困难，我和我的"领读者们"都从未止步。我们做了很多笨拙却有意义、有意思的事，如"公益故事会""送故事回家""图画书摄影联展""公益育儿讲座"……我们用"故事"作为主角，用"故事"连接起不同区域的读者，用"故事"作为爱心的载体。在当时，这样的活动在全国范围内都是首创。正是因为这种"首创"，我们没有任何类似的经验和案例可以参考，也没有太多可以当即使用的资源，更没有百分百完美的方案来保底。

谁也不知道这样一座座城市、一场场分享、一个个故事的传递能不能达成，但即便如此，凭着一颗执着且无畏的心，我们还是启程了……

在这10年间，我们取得了举办近200场各式各样活动的成绩。之所以能坚持这么久，取得这样的成绩，一切都源于我们坚信，我们都是"领读者"，因爱孩子、爱阅读、爱成长、爱分享、爱公益走到一起。我们倡导并践行：读万卷书，行万里路。未来，"领读者"这个公益大家庭，希望有你！